Weg, Wahrheit, Leben

Gottes Gnade entdecken

AF221341

Weg, Wahrheit, Leben ist nicht einfach ein weiteres Buch zum Thema Nachfolge. ... David Busic führt den Leser darin ein, die Bedeutung der Gnade in der Tiefe und mit Freude zu verstehen – die fehlende Zutat auf dem heutigen Büchermarkt. Busics Schreibstil ist überzeugend: Er verbindet biblische Grundlagen mit historischen und theologischen Prinzipien sowie heutigen Erfahrungen von Gottes Gnade. Die große Hoffnung in diesem Buch wird einer hungrigen Welt Erneuerung bringen.
– Jo Anne Lyon, Generalsuperintendentin i.R., Wesleyanische Kirche

Die Sprache des Buchs ist einfach, ohne platt zu sein. Es gibt viele Beispiele, die anschaulich machen, was gemeint ist. Mir gefällt dabei die große theologische Bandbreite der Personen, die Busic zitiert. Es geht eben nicht darum, die eigene theologische Sichtweise zu begründen, sondern Menschen im 21. Jahrhundert zu helfen, die unfassbare Gnade Gottes zu verstehen.
– Michael Fischer, Pastor der Kirche des Nazareners Hanau

Das Buch hat einen praktischen Ansatz und reflektiert die jahrelange Erfahrung des Autors als Gemeindepastor. Besonders hervorzuheben ist die Darstellung des Verständnisses der völligen Heiligung als Liebe in Beziehungen (zu Gott, zu uns selbst und zu anderen).
– Klaus Arnold, Weltdirektor für Bildung und pastorales Studium, Kirche des Nazareners, Kansas City (USA)

Weg, Wahrheit, Leben

Gottes Gnade entdecken

David A. Busic

Edition Gemeindeakademie

Band 2

Bibliografische Information der Deutschen Nationalbibliothek:
Die Deutsche Nationalbibliothek verzeichnet diese Publikation in der deutschen Nationalbibliographie, detaillierte bibliografische Daten sind im Internet unter http://dnb.dnb.de abrufbar.

Titel der amerikanischen Originalausgabe:
Way, Truth, Life: Discipleship as a Journey of Grace, von David A. Busic
© 2020 The Foundry Publishing, Kansas City (USA)

Die Veröffentlichung dieser Ausgabe erfolgt mit Genehmigung von
The Foundry Publishing
Alle Rechte vorbehalten.

Aus dem Amerikanischen übersetzt von Erich Fischer
Lektorat: Dennis Lieske

Neues Leben. Die Bibel, © der deutschen Ausgabe 2002/2006 SCM R. Brockhaus
in der SCM Verlagsgruppe GmbH, Witten/Holzgerlingen

2. Auflage
Herausgegeben 2023, Kirche des Nazareners, Deutscher Bezirk e.V.
Herstellung und Verlag: BoD – Books on Demand, Norderstedt

ISBN: 978–3–7557–7426–6
Auch als E-Book erhältlich.

In Erinnerung an Robert E. Busic, einen Vater, der mich gelehrt hat, dass die Nachfolge eine von Gnade durchflutete Entdeckungsreise und Christusähnlichkeit unsere Bestimmung ist.

Herr, zeige mir den richtigen Weg, damit ich nach deiner Wahrheit lebe! Gib mir das Verlangen ins Herz, dich zu ehren.
– *Psalm 86,11*

.

Inhaltsverzeichnis

Bibelstellenregister

DANK

Der Dank kann ein weites Spektrum abdecken, von der Anerkennung derjenigen, die etwas ermöglicht haben, bis hin zu einer Dankesschuld, die unmöglich zurückgezahlt werden kann. So ist es nun auch hier.

Als ich zum Generalsuperintendenten der Kirche des Nazareners gewählt wurde, wusste ich, dass meine Kollegen im Rat der Generalsuperintendenten mein Leben beeinflussen würden, das Ausmaß ihres Einflusses war jedoch nicht abschätzbar. Auch wenn es in unseren unzähligen Gesprächen zu Führungsthemen fast immer Meinungsverschiedenheiten gibt, so bleiben doch zwei Dinge unerschütterlich: ihr Engagement, treu und unter Gebet das zu tun, was für die Kirche am besten ist – auch wenn es einen hohen Preis fordert –, und mein absolutes Vertrauen in die Stärke ihres Charakters und die Reinheit ihres Herzens. Vielen Dank Filimao Chambo, Gustavo Crocker, Eugenio Duarte, David Graves, Jerry Porter, Carla Sunberg und J. K. Warrick. Euer Einfluss hat mich dazu inspiriert, dieses Buch im Dienst der Kirche zu schreiben, um uns bei der Erfüllung unseres Auftrags zu helfen, „zu allen Völkern zu gehen und sie zu Jüngern zu machen".

Mein Dank gilt Scott Rainey, dem Leiter von „Global Discipleship Ministries" der Kirche des Nazareners, für die Einladung, ein einfaches Buch zu schreiben, in dem Heiligung und Nachfolge vorrangig als eine Entdeckungsreise der Gnade dargestellt werden. Ein herzliches Dankeschön an Bonnie Perry, Redaktionsleiterin bei The Foundry Publishing, für ihre unerschütterliche Überzeugung, dass das Aufschreiben und Weitergeben solider Theologie an unsere Kinder eine Aufgabe von so großer Wichtigkeit ist, dass es sich lohnt, dafür die besten Jahre des Lebens zu investieren. Vielen Dank an Audra Spiven, die mit einem Auge für Klarheit redigiert und immer wieder die Frage gestellt hat: „Wie wäre es, wenn Sie es so ausdrücken würden?" Schließlich möchte ich mich bei der nicht übermäßig stark besuchten, jedoch außerordentlich liebevollen Gemeinde der Kirche des Nazareners meiner Jugend bedanken, die mich gelehrt hat, dass Heiligung nicht nur darin besteht, was Gott in Christus für uns getan hat, sondern auch darin, was Gott in Christus unablässig in und durch uns tut, wenn wir das Recht auf uns selbst aufgeben und Jesus Herr sein lassen.

ANMERKUNG DES AUTORS

Wie in meinen früheren Schriften, ermutige ich den Leser, die zahlreichen Fußnoten zu konsultieren, um ein umfassenderes Verständnis der Christusnachfolge und der Entdeckungsreise der Gnade zu gewinnen. Die zahlreichen Anmerkungen spiegeln meine Wertschätzung für das Denken anderer und meinen Wunsch wider, zusätzliche Einsichten zu vermitteln, die für den Hauptteil des Textes eine Belastung darstellen würden. Um die Lesbarkeit zu erleichtern, werden die Zitatangaben jedes Mal, wenn ein neues Kapitel beginnt, erneut vollständig wiedergegeben, auch wenn der Autor oder die Quelle bereits zuvor genannt wurde.

EINFÜHRUNG

Jesus lädt uns ein zu einer Reise. „Komm, folge mir nach." Es ist eine schlichte Einladung, sich mit einem geliebten Freund auf ein Abenteuer zu begeben. Das Leben eines Christen ist mehr als Rechtgläubigkeit. Es ist auch mehr als intellektuelle Zustimmung. Es ist eine Einladung zu einer Reise mit Jesus.

Ein anderes Wort für die Reise mit Jesus ist Nachfolge oder Jüngerschaft. Nachfolge bedeutet, dem Weg Jesu zu folgen und mit Jesus unterwegs zu sein. Der Weg führt über viele Wendungen, Kurven und Straßenbiegungen. Manchmal fühlt er sich leicht an, manchmal aber auch wie eine mühsame Steigung. Doch das Endziel (auf Griechisch *Telos*) der Nachfolge ist immer dasselbe: so werden wie Christus.

Wenn Ihnen dies unmöglich erscheint, haben Sie eine sehr gute Ausgangsposition. Es wäre tatsächlich unmöglich, gäbe es nicht eine sehr wichtige Gewissheit: Wir machen die Reise mit Jesus. Deshalb ist es eine Entdeckungsreise der Gnade.

Als Jesus sagte, „Ich bin der Weg, die Wahrheit und das Leben" (Johannes 14,6), meinte er damit mehr als eine sequenzielle, intellektuelle Gleichung oder eine geschäftliche Vereinbarung, die wir mit Gott treffen. Vielmehr beschrieb er die beziehungsorientierte Art, in der sich die Christusnachfolge abspielen wird. In der Tat sind Weg, Wahrheit und Leben auch keine philosophischen Abstraktionen oder Lebensprinzipien. Weg, Wahrheit und Leben sind eine Person.

Jesus wies auf das eigentliche *Telos* (Ziel) der Reise hin: Das echte Leben, wie es von Gott beabsichtigt ist, und die Mittel, mit denen wir das Ziel erreichen, sind der Weg und die Wahrheit, die sich in und durch ihn selbst erfüllen.[1] Die Entdeckungsreise der Gnade ist durch und durch beziehungsorientiert.

James K. A. Smith beschreibt Jüngerschaft als „eine Art Immigration, aus dem Reich der Finsternis ins Reich des geliebten Sohnes Gottes (Kolosserbrief 1,13)".[2] Dies ist die Sprache einer Reise – man zieht von einem Land in ein anderes.[3] Es geht darum, die Staatsbürgerschaft und die Zugehörigkeit zu wechseln, was ohne die Gnade Gottes in Jesus Christus, der der Weg ist, völlig unmöglich ist. Smith fährt fort: „In Christus erhalten wir einen himmlischen Pass; in seinem Leib lernen wir, wie „Einheimische" seines Reiches zu leben. Bei einer solchen Immigration in ein neues Reich geht es nicht nur darum, in ein anderes Gebiet teleportiert zu werden; wir müssen uns an eine neue Lebensweise gewöhnen, eine neue Sprache lernen, uns neue Gewohnheiten aneignen – und uns die Gewohnheiten der gegnerischen Herrschaft abgewöhnen."[4]

Ich glaube wirklich, dass das Versprechen Jesu „ich gehe voraus, um euch einen Platz vorzubereiten" (Johannes 14) die Garantie beinhaltet, dass er persönlich die Reservierungen für unsere Reise getätigt hat, einschließlich der Unterbringung bei unserer Ankunft. Er ist unser himmlischer Ausweis, der uns dazu befähigt, in einem neuen Land heimisch zu werden – in seinem Königreich. Das Beste dabei ist, dass er verspricht, uns die ganze Zeit über auf unserem Weg nach Hause zu begleiten. Jesus wird unser Weg für die Reise sein. Dies ist die Hoffnung einer Entdeckungsreise der Gnade.

Ich bin der Weg, die Wahrheit und das Leben

Als Jesus sagte: „Ich bin der Weg, die Wahrheit und das Leben", meinte er damit nicht ein abstraktes Lebensprinzip, das man sich als Plakette an die Wand hängen könnte. Vielmehr war es eine Antwort auf eine Frage, die von verängstigten und unsicheren Jüngern gestellt wurde. Die Aussage stammt aus einem Abschnitt des Johannesevangeliums, den Theologen als „die Abschiedsreden Jesu" bezeichnen (Johannes, Kapitel 14 bis 17). Diese vier Kapitel aus dem Johannesevangelium geben uns, mehr als jedes der drei anderen neutestamentlichen Evangelien, einen Einblick in das, was Jesus in den Stunden vor seinem Leiden und Sterben am Kreuz dachte und seine Jünger lehrte. Man könnte sie also durchaus als den letzten Willen und das Testament Jesu Christi bezeichnen.[5]

Wir erinnern uns: Die Jünger hatten äußerst schlechte Nachrichten zu verdauen. Sie sitzen in einem gemieteten Raum eng zusammen. Jesus wäscht seinen zwölf Jüngern die Füße, wobei sich alle unwohl fühlen. Dann sagt er ihnen, dass einer von ihnen ihn sehr bald verraten wird (13,21). Als wäre das alles nicht schon schlimm genug, teilt Jesus ihnen nach mehreren Jahren gemeinsamer Pilgerschaft mit, dass er sie verlassen wird und sie nicht mit ihm gehen können (13,33).

Das ist alles sehr beunruhigend! Jesus spürt, wie sich das Gewicht seiner Worte auf sie legt. Kein Wunder, dass er sagt: „Habt keine Angst" (14,1) (wörtlich „lasst eure Herzen nicht aufgewühlt sein"). Das Wort, das hier mit „aufgewühlt" übersetzt wird, ist dasselbe Wort, mit dem das Wasser des Sees Genezareth während eines heftigen Sturms beschrieben wird. Der Wind hat das Wasser des Sees aufgepeitscht und aufgewühlt. So fühlen sich auch die Jünger. Ihnen ist flau im Magen. In ihren Köpfen dreht sich alles. Ihre Gefühle fahren Achterbahn. Jesus versucht, ihre aufgewühlten Herzen zu trösten: „Habt keine Angst. ... ich gehe voraus, um euch einen Platz vorzubereiten. ... ich werde kommen und euch holen, damit ihr immer bei mir seid, dort, wo ich bin. Ihr wisst ja, wohin ich gehe und wie ihr dorthin kommen könnt." (Johannes 14,1–4)

Dann meldet sich Thomas zu Wort. Die Geschichte hat ihm den Spitznamen „ungläubiger Thomas" verpasst, aber ich bin froh, dass er da war, denn Thomas hat den Mut, die Frage zu stellen, die alle anderen beantwortet haben wollen. Er ist wie ein Student in einem Hörsaal, der den Professor bei der Vorlesung unterbricht und sagt: „Entschuldigung. Das mag jetzt eine dumme Frage sein, aber wir haben keine Ahnung, wovon Sie gerade sprechen." Eigentlich war es gar keine dumme Frage. Ich finde es großartig, dass Thomas die Geistesgegenwart besaß, die Frage zu stellen, die unausgesprochen im Raum stand und jeden beschäftigte: „Nein, Herr, das wissen wir nicht. Wir haben keine Ahnung, wo du hingehst; wie können wir da den Weg kennen?" (14,5).

So ist das Leben, nicht wahr? Es gibt Zeiten, in denen wir uns fragen, welche Richtung wir einschlagen sollen. Manchmal glauben wir zu wissen, wohin wir gehen – oder hoffen zu wissen, wohin wir gehen – müssen dann aber zugeben, dass wir uns völlig verirrt haben. Es scheint so viele Kreuzungen und Abzweigungen zu geben, so viele Möglichkeiten und Sackgassen. Was wir uns mehr als alles andere im Puzzle des Lebens wünschen, ist eine Karte.

Vielen Menschen geht es jedoch so, dass sie diese Karte nicht finden, und dann beschließen, dass es besser ist, irgendwohin zu gehen, als nirgendwo zu bleiben. Also wählen sie eine Richtung und gehen den Weg, der den geringsten Widerstand zu bieten scheint.

Zum Glück antwortet Jesus auf die Frage von Thomas (und auf unsere): „Ich bin der Weg, die Wahrheit und das Leben. Niemand kommt zum Vater außer durch mich." (14,6) Interessant ist, dass der Schwerpunkt der Aussage Jesu eindeutig auf dem Wort „der Weg" liegt. Der Weg steht in der Reihenfolge an erster Stelle. Das soll nicht etwa heißen, dass die Wahrheit und das Leben nicht wichtig wären. Es bedeutet einfach, dass die Wahrheit und das Leben erklären, wie und warum Jesus der Weg ist.[6]

Er ist der Weg, weil er die Wahrheit ist – die Offenbarung Gottes. Er ist der Weg, weil das Leben Gottes, das jedem Menschen zur Verfügung steht, in ihm und nur in ihm liegt. Er ist gleichzeitig der Zugang zum Leben mit Gott und die Verkörperung dieses Lebens. Der Kern der frohen Botschaft des Johannesevangeliums besteht darin, dass wir in Jesus – dem fleischgewordenen Wort und einzigartigen Sohn Gottes – Gott auf eine Weise sehen und erkennen können, wie es nie zuvor möglich war. Er ist die autorisierte Selbstoffenbarung Gottes.[7] Mit anderen Worten: Jesus ist nicht nur ein Weg, sondern der Weg – weil er die außergewöhnliche, sichtbare Manifestation des unsichtbaren Gottes ist, den wir als Vater kennen (1,1.14.18; 6,46; 8,19; 12,45).[8]

„Niemand kann zum Vater kommen außer durch mich." (14,6) Viele von uns können die Frage von Thomas nachvollziehen: „Wie können wir den Weg kennen?" (14,5), denn jeder Mensch, ob ausgesprochen oder nicht, sucht nach Antworten auf spirituelle Fragen. Unsere Gesellschaft ist heute spirituell so offen wie seit vielen Jahren nicht mehr. Das Problem ist, dass die Menschen für viele verschiedene Zugänge zur Spiritualität offen sind.

Die moderne westliche Weltanschauung speist sich aus einer allumfassenden Verbrauchermentalität. Sie steht in Verbindung mit dem sehr aktuellen politischen Anliegen, den Pluralismus zu fördern. Dies führt dazu, dass viele Menschen jeden spirituellen Weg als genauso relevant und legitim ansehen wie jeden anderen, solange ihre persönlichen Bedürfnisse erfüllt werden und sie sich selbst treu bleiben. Und so wird davon ausgegangen – ob man sich nun für den Buddhismus, den Hinduismus, den Islam, Scientology, das Judentum, das Christentum oder eine andere Religion entscheidet –, dass, solange man aufrichtig ist und mit seiner Wahl zufrieden ist, diese Alternative so gut ist wie jede andere, weil alle Wege (so die Weltanschauung) zu demselben Gott führen.

Eines der vielen Probleme einer solchen Sichtweise besteht darin, dass sich diese verschiedenen Überzeugungen oft widersprechen und gegenseitig ausschließen. Im Lichte all der anderen unterschiedlichen religiöse Systeme betrachtet, ist das Christentum der einzige Glaube, der den definitiven Anspruch erhebt, dass Jesus der einzige Weg zu Gott ist. Man kann nicht an den ausschließlichen Anspruch Jesu Christi glauben: „Niemand kann zum Vater kommen außer durch mich", und dennoch behaupten, dass es andere Wege gibt, um Zugang zum Vater zu erhalten. Damit würde man Christus selbst, der diese Worte gesprochen hat, verleugnen. Jesus sagte nicht: „Ich bin einer von vielen Wegen zum Vater". Er sagte nicht: „Ihr könnt mir folgen, wenn ihr wollt, aber es gibt auch andere Möglichkeiten, die genauso gut funktionieren". Jesus sagte auch nicht: „Welchen spirituellen

Weg ihr auch beschreitet, mir ist es recht, solange ihr aufrichtig seid". Mit keiner Silbe hat Jesus das auch nur angedeutet. Er hat klar gesagt, dass er der einzige Weg zum Vater ist.[9]

Kurz nachdem unsere Familie in eine neue Stadt gezogen war, hatten meine Frau und ich einen Termin am anderen Ende der Stadt. Wir fuhren in getrennten Fahrzeugen. Da ihr Orientierungssinn schon immer besser war als meiner, fuhr sie voraus. Plötzlich gerieten wir in dichten Verkehr, und ich verlor sie aus den Augen. Ich sah einen Wagen, den ich für ihr Fahrzeug hielt, und folgte ihm. Als ich merkte, dass ich dem falschen Fahrzeug gefolgt war und mich nun auf einer völlig anderen Straße befand, war es bereits zu spät, um den Termin wahrzunehmen. Also kehrte ich einfach um und fuhr nach Hause. Die Moral von der Geschicht' ist einfach: Man kann bei der Wahl seines Weges aufrichtig sein und gleichzeitig aufrichtig falsch liegen. Tatsache ist, dass es mehr als Aufrichtigkeit braucht, um den richtigen Weg zu finden.[10] Es braucht Wahrheit! Man kann in der gewählten Richtung sehr gut vorankommen. Wenn es jedoch die falsche Richtung ist, spielt es keine Rolle, wie schnell man ankommt.

Der Anspruch Jesu ist auf radikale Weise inklusiv, weil alle eingeladen sind, dem Weg zu folgen, aber er ist auch radikal exklusiv, weil jeder Weg, dem ein Mensch folgt, um die Wahrheit zu finden, in einer Sackgasse endet – es sei denn, es ist der eine Weg, der zu dem einen wahren Gott führt.

Jeder Mensch – jeder Einzelne von uns – ist dadurch schuldig geworden, dass er die falsche Richtung eingeschlagen hat, geistlich gesprochen. Als Folge davon sind wir alle weit weg von Gott. Der Prophet Jesaja bringt es auf den Punkt: „Wir alle gingen in die Irre wie Schafe. Jeder ging seinen eigenen Weg." (53,6) Der Apostel Paulus bekräftigt dies im Römerbrief: „Denn alle Menschen haben gesündigt und das Leben in der Herrlichkeit Gottes verloren." (3,23) Warum? Weil wir alle im Leben den falschen Weg eingeschlagen haben. Wir alle haben uns entschieden, unseren eigenen Weg zu gehen, anstatt Gottes Willen und Weg für unser Leben zu verfolgen.

Das Evangelium (die gute Nachricht) besteht darin, dass Jesus für Menschen wie uns gekommen ist. Der Evangelist Lukas sagt uns, dass das erklärte Ziel der Mission Jesu darin besteht, „Verlorene zu suchen und zu retten" (19,10). Jesus ist nicht gekommen, um uns unschlüssig an einer Weggabelung stehen zu lassen oder, schlimmer noch, einer ziellosen Reise auf dem völlig falschen Weg zu überlassen, sondern, um uns den einzigen Weg zu Gott, zum neuen Land des Reiches Gottes und zum ewigen Leben zu zeigen.

Ein Kommentator umschreibt die Worte Jesu folgendermaßen: „Ich, ich bin der Weg dorthin, und ich, ich bin die Wahrheit, die euch auf dem Weg dorthin führen wird, und ich, ich bin das Leben, das euch die Kraft geben wird, der Wahrheit auf dem Weg dorthin zu folgen".[11] „Ich bin[12] der Weg" ist keine Wegbeschreibung, keine Straßenkarte, keine Ansammlung von Hinweisen – ich bin der Weg. „Ich bin die Wahrheit" ist keine Sammlung von Ordnungsprinzipien für das Leben oder von philosophischen Voraussetzungen – ich bin die Wahrheit. „Ich bin das Leben" ist kein Alternativangebot für ein optimistischeres Lebenskonzept – ich bin das einzig wahre Leben, das einzige Mittel, um wahres Menschsein zu verwirklichen.

Der Anspruch Jesu Christi, nicht nur ein Weg, eine Wahrheit und ein Leben zu sein, sondern der wahre und einzige Sohn Gottes,

8

ist das Fundament des Christentums. Dabei geht es nicht darum, andere Glaubenssysteme schlecht zu machen; es bedeutet lediglich, dass es nur einen Weg zum Vater gibt, und der führt über Jesus Christus. Er ist das einzige Mittel, durch das wir gerettet werden können. Frederick Bruner bringt es auf den Punkt: „Der Osten sehnt sich seit jeher nach ‚dem Weg' (dem *Tao*), der Westen nach ‚der Wahrheit' (*Veritas*) und die ganze Welt (Osten, Westen, Norden und Süden) nach ‚dem *(wahren)* Leben'. Jesus verkörpert alle drei in Person".[13]

Stellen Sie sich vor, Sie sind in einer fremden Stadt und fragen jemanden nach dem Weg zu einem schwer zu findenden Ort. Die Person, die Sie um Hilfe gebeten haben, könnte etwa Folgendes sagen: „Sie müssen sich an der nächsten großen Kreuzung rechts halten. Dann überqueren Sie den Platz, fahren an der Kirche vorbei und bleiben auf der mittleren Spur, die Sie direkt zur dritten Straße auf der rechten Seite führt, bis Sie zu einer vierspurigen Ampelkreuzung kommen". Selbst bei klaren Anweisungen ist die Gefahr groß, dass man falsch abbiegt oder sich verirrt, wenn der Weg kompliziert ist.

Angenommen, die von Ihnen angesprochene Person sagt stattdessen: „Wissen Sie, es gibt keinen einfachen Weg dorthin. Es ist kompliziert, wenn Sie noch nie dort waren. Folgen Sie mir einfach. Besser noch, kommen Sie einfach mit und ich bringe Sie hin." Diese Person wird damit nicht nur zu Ihrem Führer, sondern eigentlich auch zu Ihrem Weg, und Sie können Ihr Ziel nicht verfehlen. Genau das tut Jesus für uns. Er gibt nicht nur Ratschläge und Anweisungen. Er begibt sich mit uns auf einen Weg der Gnade. Dabei erzählt er uns nicht nur etwas über den Weg – er wird selbst der Weg!

Der britische Theologe und renommierte Missionswissenschaftler Lesslie Newbigin hat diese Perspektive eindrucksvoll formuliert: „Es ist nicht so, dass er [Jesus] den Weg lehrt oder uns auf dem Weg anleitet: Wenn das so wäre, könnten wir ihm für seine Unterweisung danken und sie dann selbständig befolgen. Er selbst ist der Weg. ... Diesem Weg zu folgen, ist in der Tat der einzige Weg zum Vater".[14]

In Lewis Carrolls Erzählung „*Alice im Wunderland*" kommt Alice an eine Kreuzung und fragt die Grinsekatze: „Würdest du mir bitte sagen, welchen Weg ich von hier aus nehmen soll?" „Das hängt sehr davon ab, wohin du gehen willst", antwortet die Katze.

„Es ist mir ziemlich egal, wohin ich gehe", antwortet Alice.

„Dann ist es egal, welchen Weg du gehst", sagte die Katze.

Vielleicht hat niemand den einzigartigen Anspruch Jesu treffender zusammengefasst als Thomas von Kempen in seinem Andachtsklassiker *Nachfolge Christi*.

> So folge denn mir nach. Ich bin der Weg, die Wahrheit und das Leben. Ohne Weg kein Gehen, ohne Wahrheit kein Erkennen, ohne Leben kein Leben. Ich bin der Weg, den du gehen, die Wahrheit, an die du glauben, das Leben, auf das du dein ganzes Hoffen richten musst. Ich bin der Weg ohne Fehl, die Wahrheit ohne Trug, das Leben ohne Ende. Ich bin der geradeste Weg, die höchste Wahrheit, das wahre, selige, unerschaffene Leben. Wenn du auf

meinem Wege beharrst, so wirst du die Wahrheit erkennen, die Wahrheit wird dich frei machen und du
wirst das ewige Leben erfassen.[15]

In Jesus finden wir den Weg zum Vater. Er ist der Weg nach Hause.

In Jesus finden wir die Wahrheit. Er verkörpert die unveränderliche, sichere und gewisse Wahrheit über den Charakter und das Wesen des Vaters.

In Jesus finden wir Leben – Leben in Fülle, sowohl jetzt als auch in der verheißenen neuen Schöpfung Gottes, die kommen wird.

Dies ist die Entdeckungsreise der Gnade.

1. ERSTAUNLICHE GNADE

Gnade ist überall.
-- Georges Bernanos, *Tagebuch eines Landpfarrers*

„Amazing Grace" ist heute eines der bekanntesten und beliebtesten Lieder der Welt. Obwohl es mehr als zwei Jahrhunderte alt ist, wird es immer noch in Hunderten von Sprachen und Dialekten gesungen.[1] Es hat Grenzen von Rasse und Konfession, Ländern und Generationen überwunden. Man muss nicht einmal Christ sein, um die Worte zu kennen und von ihnen berührt zu werden.

Ein englischer Pastor namens John Newton schrieb das Lied. Als junger Mann war er Kapitän eines Sklavenschiffs gewesen, das unter seiner Führung Hunderte von Sklaven aus Westafrika nach Großbritannien brachte. Nach einer Nahtoderfahrung während eines heftigen Sturms auf See hatte er jedoch ein Bekehrungserlebnis, das ihn radikal veränderte. Danach war er nicht mehr derselbe.

Es war nicht nur der Beginn seiner Entdeckungsreise der Gnade mit Gott, sondern führte auch zu einer tiefen Reue und Umkehr hinsichtlich seiner persönlichen Beteiligung am Sklavenhandel. Er gab seinen Beruf als Kapitän auf, wurde anglikanischer Pfarrer und betätigte sich später als Mentor von William Wilberforce, der die Kampagne zur Abschaffung der Sklaverei im britischen Empire anführte. Im Alter von zweiundachtzig Jahren, als er im Sterben lag, erklärte Newton: „Mein Gedächtnis ist fast verschwunden. Aber ich erinnere mich an zwei Dinge: dass ich ein großer Sünder bin und dass Christus ein großer Retter ist". Kein Wunder, dass er so poetisch schreiben konnte – er hatte die erstaunliche Gnade empfangen, erfahren und war von ihr verwandelt worden.

Dies ist ein Buch über Gnade. Es handelt von der Entdeckungsreise der Gnade, auf der wir immer mehr in das Ebenbild Jesu Christi verwandelt werden, der „der Weg, die Wahrheit und das Leben" ist. Die Gnade kommt uns in vielen Formen entgegen, sowohl in der Heiligen Schrift als auch in unserem Leben, doch das Wesen der Gnade bleibt immer gleich. Wir empfangen sie persönlich als ein Geschenk von Gott und arbeiten dann mit Gott in einer engen Beziehung zusammen, die uns verändert.

WAS IST GNADE?

Was ist die Gnade Gottes? Wie kommt sie in unser Leben? Wie beeinflusst, verändert und befähigt sie uns, ein christusähnliches Leben zu führen? Es gibt viele Definitionen von Gnade:

- Gottes unverdiente Gunst.

- Gottes unverdiente Liebe.

- Die Gunst, die jemandem gewährt wird, der das Gegenteil verdient.

- Der absolut freie Ausdruck der Liebe Gottes, dessen einziges Motiv in der Großzügigkeit und dem Wohlwollen des Gebers gründet.[2]

- Gottes nicht an Bedingungen geknüpfte Güte.

Alle diese Definitionen der Gnade versuchen, die unbeschreiblichen und erstaunlichen Aspekte der liebevollen Antwort Gottes auf die eine solche Zuwendung nicht verdienende Menschheit zu beschreiben. Aus diesem Grund verwenden wir das Wort „erstaunlich". Sie entzieht sich unseren menschlichen Kategorien von Beziehungen und Transaktionen.

Im Finanzwesen werden Karenzzeiten manchmal als „Gnadenfrist" bezeichnet. Solche Gnadenfristen sind kleine Zeitspannen, in denen eine Zahlung ohne Strafe aufgeschoben wird. Eine „Gnadenfrist" ist jedoch an Bedingungen geknüpft. Sie gilt nur für eine kurze Zeit. Irgendwann ist sie vorbei, und wenn jemand seine Schulden immer noch nicht beglichen hat, werden ihm zusätzliche Strafen auferlegt. Sie ist zwar unentgeltlich, aber nicht bedingungslos.

Gottes Gnade ist anders. Gottes Gnade ist unentgeltlich (nicht zu verwechseln mit „kostenlos" – mehr dazu am Ende des Kapitels), und das ist auch gut so, denn wir könnten sie uns ohnehin nicht leisten. Was wir Gott schulden, könnten wir niemals bezahlen oder zurückzahlen. Durch seine Gnade tut Gott für uns, was wir niemals selbst tun könnten. Deshalb sagen wir, dass wir die Gnade nicht verdient haben und ihrer nicht würdig sind. Gott behandelt uns besser, als wir es verdienen. Es ist die Gunst, die uns zuteilwird, wenn wir das Gegenteil verdient haben, und die uns dazu treibt, Jesus in hingebungsvoller Nachfolge zu folgen.

Die einfachste Definition von Gnade ist „Geschenk". Der Apostel Paulus entlehnte das gebräuchliche griechische Wort für „Geschenk" oder „Gunst", *charis*, und trug dazu bei, es neu zu definieren, um die umfassende Bedeutung all dessen zu beschreiben, was Gott in Jesus Christus für uns getan hat (2. Korintherbrief 8,9; 9,15; Galaterbrief 2,21; Epheserbrief 2,4–10).[3] Es ist auch wichtig anzumerken, dass *charis* von der Wurzel *char* – „das, was Freude macht" – abgeleitet ist.[4] So ruft das Geben und Empfangen der Gnade sowohl Freude als auch Dankbarkeit hervor. In diesem Sinne ist es angemessen, dass die Empfänger der Gnade etwas zurückgeben: Dankbarkeit und ein geweihtes Leben. Dies bedeutet jedoch nicht, dass die göttliche Gnade eine beziehungsorientierte Transaktion darstellt. Der Wunsch (oder die Erwartung), dass der Gefallen erwidert wird, macht die Kraft des Geschenks zunichte.[5] Transaktionsdenken untergräbt und entwertet immer die Absichten eines Geschenks.

Wenn ich meinem Freund ein Geschenk mache, könnte ich sagen: „Ich möchte dir dieses Geschenk als Zeichen meiner Liebe zu dir geben".

Normalerweise würde mein Freund das Geschenk annehmen und einfach „Dankeschön" sagen.

Was wäre, wenn mein Freund stattdessen sagen würde: „Das ist sehr nett von dir. Wie viel schulde ich dir?" Damit hätte er die Sprache des Geschenks mit der Sprache der Transaktion vertauscht: Du tust etwas Nettes für mich. Also schulde ich dir etwas.

Es gibt da noch ein Problem, wenn das Geschenk der Gnade mit dem Konzept rückzahlbarer Transaktionen vermischt wird. Die eigentliche Bedeutung der Gnade besteht darin, dass wir nichts tun können, damit Gott uns mehr liebt, und dass wir nichts tun können, damit Gott uns weniger liebt als er es bereits tut.[6] Nichts an uns ist so gut, dass es uns würdig oder fähig macht, Gottes Liebe zu verdienen, und nichts an uns ist so schlecht, dass es uns von der Liebe Gottes trennen kann, die in Christus Jesus, unserem Herrn, erschienen ist (Römerbrief 8,35–39). Gott liebt uns nicht, weil wir gut sind, und Gott hasst uns nicht, weil wir schlecht sind. Gottes ureigenes Wesen ist heilige Liebe, was bedeutet, dass das Handeln, welches Gott am stärksten charakterisiert, die göttliche, sich selbst hingebende und ausgegossene Gnade ist.[7]

Philip Yancey erkennt dies an, wenn er schreibt: „Gnade bedeutet, dass Gott uns bereits so sehr liebt, wie ein unendlicher Gott nur lieben kann".[8] Da Gott uns von Anfang an nicht aufgrund unseres guten Verhaltens geliebt hat, wie könnte ein besseres Verhalten dazu führen, dass Gott uns mehr liebt? Wie könnte, analog dazu, ein schlechteres Verhalten unsererseits Gott dazu bringen, uns weniger zu lieben? Sie können nicht mehr beten, mehr spenden, mehr dienen oder mehr opfern und Gott dazu bringen zu sagen: „Sie hat sich so enorm verbessert. Endlich reißt sie sich wirklich zusammen. Ich liebe sie jetzt mehr als zuvor." Nein. Gott liebt Sie so, wie Sie sind. Was Gottes Liebe betrifft, hängt nichts von dem ab, was Sie tun oder wie Sie sich verhalten – nicht, weil Sie es verdienen, sondern weil dies die erste und letzte Neigung des Herzens Gottes ist.

Ein häufig verwendeter Vergleich zwischen Gerechtigkeit, Barmherzigkeit und Gnade bringt es auf den Punkt: Gerechtigkeit bedeutet, man bekommt das, was man verdient. Barmherzigkeit bedeutet, man bekommt nicht das, was man verdient. Gnade bedeutet, man bekommt das, was man nicht verdient.

Jesus erzählte viele Gleichnisse, um uns zu helfen, uns das Leben vom Standpunkt des Reiches Gottes aus neu vorzustellen. Die Gleichnisse waren nicht nur moralische Geschichten, die uns eine bessere Lebensweise vor Augen führen sollten. Sie helfen uns, das Wesen und das Herz Gottes besser zu verstehen und unsere Vorstellung davon zu korrigieren. Denken Sie an die Gleichnisse vom verlorenen Schaf, der verlorenen Münze und den verlorenen Söhnen (Lukas 15).[9] Jesus beschreibt Gott als einen Hirten, der sich riesig freut – nicht, weil neunundneunzig Schafe die Regeln befolgt haben, sondern weil eines seiner Schafe, das verloren war, gefunden wurde. Er beschreibt Gott als eine Frau, die ihr Haus auf den Kopf stellt, um eine wertvolle Münze zu finden. Als sie sie findet, ist sie so begeistert, dass sie eine Party schmeißt, um mit ihren Freunden zu feiern. Und dann beschreibt er Gott als einen vor Kummer und Liebe kranken Vater, der den Horizont nach Anzeichen seines verlorenen Sohnes absucht. Als er den heimkehrenden Jungen sieht, „als er noch weit entfernt war" (Lukas 15,20), wird er von Mitleid erfüllt und rennt los, um ihn zu Hause willkommen zu heißen. Dies alles sind Einblicke in das Wesen und das Herz Gottes. Das „Gefunden werden" erfreut das Herz Gottes! Die Gnade überwindet das Umherirren, das Verlorensein und die Untreue.

Jesus erzählte ein weiteres Gleichnis über Arbeiter in einem Weinberg, deren Arbeitgeber allen Arbeitern den gleichen Lohn auszahlt, obwohl einige viel weniger Stunden gearbeitet haben als andere (Matthäus 20,1–16). Wirtschaftlich macht diese Geschichte keinen Sinn. Das Geschäftsgebaren erscheint nicht gerade weise. Solch rücksichtsloses Verhalten eines Unternehmers birgt die Gefahr, die fleißigsten Mitarbeiter zu verprellen und die weniger motivierten zur Faulheit zu verleiten. In diesem Gleichnis geht es jedoch nicht um Geschäftspraktiken; es ist ein Gleichnis über die überschwängliche Gnade Gottes. Gnade ist keine mathematische Gleichung, die die Arbeitsstunden der Mitarbeiter aufzeichnet, korrekte Buchhaltungsprinzipien befolgt oder die fleißigsten Arbeiter belohnt. Bei der Gnade geht es nicht darum, wer es verdient, bezahlt zu werden; es geht um Menschen, die es nicht verdient haben und die trotzdem beschenkt werden. Wenn dies für Ihre Ohren skandalös und für Ihren gesunden Menschenverstand absurd klingt, dann beginnen Sie zu verstehen, worum es bei der Gnade geht.

GNADE IST PERSÖNLICH

Wir können von der Erfahrung der Gnade sprechen, weil sie zutiefst persönlich und beziehungsorientiert ist. Gnade ist aus zwei wichtigen Gründen persönlich. Erstens: Gnade ist keine Sache. Sie ist keine Handelsware. Es ist keine heilige Substanz, die in uns eingefüllt wird wie „christliches Motoröl", damit der „Motor" unserer Christusnachfolge besser läuft. Die Gnade ist persönlich, weil sie in der Person Jesu Christi zu uns kommt, der gesagt hat: „Ich bin der Weg und die Wahrheit und das Leben".[10]

Der wesleyanische Theologe Thomas Langford behauptet, dass die gesamte Kirchengeschichte hindurch zwei Auffassungen der Gnade miteinander im Wettstreit lagen:

Einerseits hat man sich die Gnade als eine Sache vorgestellt, als etwas, das Gott besitzt und geben kann, und vielleicht auch als etwas, das die Menschen annehmen und besitzen können; oder, umfassender ausgedrückt, als eine Atmosphäre, Energie oder Kraft, die Gottes Handeln repräsentiert und einen Rahmen für das menschliche Leben bietet. Andererseits wurde die Gnade mit einer „Person" identifiziert; die Gnade ist eine Person, die Gnade ist Gott – Gott, der dem Menschen gegenwärtig ist. Von Gnade zu sprechen bedeutet, von Gottes Gegenwart und seinem fürsorglichen Umgang mit der Schöpfung zu sprechen. In diesem Verständnis basiert das Denken über die Gnade auf dem Nachdenken über das Leben, den Tod und die Auferstehung Jesu. Jesus Christus ist Gnade; Gnade ist Jesus Christus.[11]

Mich beeindruckt die Kraft von Diarmaid MacCullochs gewichtiger Aussage in seiner monumentalen Geschichte des Christentums: „Eine Person, nicht ein System, schlug [Paulus] bei den mysteriösen Ereignissen auf der Straße nach Damaskus in ihren Bann."[12] In vielerlei Hinsicht war Saulus von Tarsus – der später den Namen Paulus, der Apostel, erhielt – auf diese erstaunliche Offenbarung nicht vorbereitet. Sein Engagement galt einer Religion, einem definierten System, einer Tradition, einem Gesetz. Er kannte dieses System in- und auswendig. Er war sein geschulter und leidenschaftlicher Verfechter – aber es war eine Person, die ihn veränderte. Diese Person war Jesus von Nazareth, den Paulus später als Christus und Herrn bezeichnen würde.

Das vorherige Glaubenssystem des Paulus bestand in der totalen Befolgung des Gesetzes. Nach der Erfahrung auf der Straße von Damaskus (Apostelgeschichte 9,1–22) sah er die Dinge anders. Er glaubte immer noch, dass das Gesetz gut war, aber unvollständig. Als er der Person begegnete, richtete er sein Augenmerk nicht mehr auf das Gute (sein jüdisches Erbe), sondern auf eine unvergleichlich bessere Person: Jesus Christus. Durch die Erfahrung einer intimen Begegnung mit Christus entdeckte er eine Gerechtigkeit, die nicht seine eigene war.[13] Paulus glaubte, dass die Beziehung des Gläubigen zu Christus (der Person) so innig werden kann, dass er von „Einssein in Christus" spricht, womit eine völlige Vereinigung gemeint ist. Das Einssein war für Paulus kein abstraktes, griechisch-römisches, platonisches Konzept. Jesus Christus war (ist) ein realer Mensch in Raum und Zeit der jüngsten Geschichte. Er ist nicht nur der, der uns in seinem Menschsein ähnlich ist, sondern – als der, welcher Paulus auf der Straße von Damaskus begegnet ist – eine auferstandene, transzendente Person, deren Leben, Tod, Auferstehung und Himmelfahrt die Katastrophe unserer Sünde und unseres Sündenfalls umkehrte (1. Korintherbrief 15,22).

In einem sehr realen Sinn war die Namensänderung von Saulus zu Paulus mehr als eine Bekehrung – es war ein Erwachen: „Da fiel es Saulus wie Schuppen von den Augen, und er konnte wieder sehen" (Apostelgeschichte 9,18). Es war eine Neugeburt. Paulus wurde ein reines, unverfälschtes Geschenk zuteil, das er sich weder erarbeiten konnte noch verdient hatte. Jetzt konnte er sehen, worauf das Gesetz die ganze Zeit hingewiesen hatte – auf eine Person. Aus diesem Grund schrieb er später: „Wenn wir also Christus als den Gekreuzigten verkünden, sind die Juden entrüstet und die Griechen erklären es für Unsinn. Für die aber, die von Gott zur Erlösung berufen sind – Juden wie

Nichtjuden –, ist Christus Gottes Kraft und Gottes Weisheit" (1. Korintherbrief 1,23–24). Dies war ein Skandal für Menschen, die dem Gesetz und der Tradition des Judentums verpflichtet waren, und Wahnsinn für solche, die in den Bahnen der griechischen Elitekultur und der westlichen philosophischen Weltanschauungen dachten. Aber für diejenigen, die glauben konnten, dass Jesus der Christus Gottes war (im Griechischen bedeutet *christos* „Gesalbter"), wurde er durch die Gnade Gottes zu ihrer Rettung.[14]

Die ersten Christen haben weder ein System noch eine Religion gepredigt. Sie verkündeten eine Person. Für den Islam wurde das Wort zu einem Buch (Koran), für das Christentum wurde das Wort Fleisch (Johannes 1,14).[15] Ein Mensch. Der ewige, eine Gott wurde ein Mensch. Inkarnation. Die ersten Christen gaben ihr Leben nicht für eine Theorie, ein Prinzip oder eine Lebensenergie hin. Vielmehr taten sie es für eine Person – eine reale Person, die wirklich gekreuzigt und begraben wurde, die wirklich von den Toten auferweckt wurde als Erstlingsfrucht der neuen Schöpfung, die wirklich in den Himmel aufgefahren ist und die wirklich wiederkommen wird.

Ich kenne niemanden, der dies deutlicher zum Ausdruck gebracht hätte als Dietrich Bonhoeffer: „Zu einer Idee tritt man in ein Verhältnis der Erkenntnis, der Begeisterung, vielleicht auch der Verwirklichung, aber niemals der persönlichen gehorsamen Nachfolge. Ein Christentum ohne den lebendigen Jesus Christus bleibt notwendig ein Christentum ohne Nachfolge, und ein Christentum ohne Nachfolge ist immer ein Christentum ohne Jesus Christus".[16]

Bei der Entdeckungsreise der Gnade geht es also nicht darum, einem System, einem Buch, einem *Manual*, einer Konfession oder einer Tradition zu folgen. Wir folgen, verehren und dienen Jesus Christus. Gnade ist das Ergebnis aller Vorteile des Lebens, des Wirkens, des Todes, der Auferstehung und der Himmelfahrt des persönlichen Jesus, der jetzt Christus und Herr ist.

Eine christozentrische (Jesus-zentrierte) Darstellung der Gnade geht dabei nicht auf Kosten einer solideren trinitarischen Theologie der Gnade (Gott als Schöpfer und Vater; die Kraft des Heiligen Geistes im Leben eines Gläubigen). Die Gnade als Person zu verstehen bedeutet, sich daran zu erinnern, dass alles, was wir persönlich von Gott erfahren, am deutlichsten im Leben, in der Lehre und in der Erfahrung der Person offenbart wird, die Gott erwählt hat, um sich selbst zu erkennen zu geben. Das Ziel jeder christlichen Nachfolge ist es, die Empfänger der Gnade in das Ebenbild Jesu Christi zu formen. Gnade ist nicht eine Sache – Gnade ist eine Person.

Diese Feststellung führt uns zum zweiten Grund dafür, dass die Gnade persönlich ist: Die Gnade kommt zu jedem Menschen entsprechend seiner oder ihrer besonderen Bedürftigkeit oder Fähigkeit, sie zu empfangen. Jeder Mensch empfängt und eignet sich die Gnade in einzigartiger Weise an.

Ich habe viele Freunde, aber ich habe zu jedem eine andere Beziehung, weil jeder von ihnen einzigartig ist. Ich habe drei Kinder, und obwohl ich sie alle gleichermaßen liebe, kann ich sie nicht alle auf die gleiche Weise behandeln. Sie sind alle unterschiedlich, und deshalb muss ich meinen Erziehungsansatz an jedes Kind anpassen. Das ist die liebevolle Art, ein Freund und ein Elternteil zu sein.

Ebenso empfängt und eignet sich jeder Mensch die Gnade in einzigartiger Weise an, weil wir diese Gnade in einer persönlichen Beziehung zum dreieinigen Gott erfahren. Sie wird uns vom Vater geschenkt, durch Jesus Christus angeboten und vom Heiligen Geist bekräftigt. Die Gnade ist persönlich, weil sie in einer Person zu uns kommt und auf unsere persönlichen Bedürfnisse zugeschnitten ist. Je mehr Gott uns von sich selbst gibt, desto mehr Gnade wird uns zuteil.

GNADE IST TEUER

Dietrich Bonhoeffer erinnert uns daran, dass die Gnade zwar umsonst, aber nicht kostenlos ist. In einem eindringlichen Absatz seines bekanntesten Buches *Nachfolge* hebt Bonhoeffer den Unterschied zwischen billiger und teurer Gnade hervor, der im Fehlen der Forderung nach echter Nachfolge oder der Erwartung einer solchen besteht: „Billige Gnade ist Gnade ohne Nachfolge, Gnade ohne Kreuz, Gnade ohne den lebendigen, menschgewordenen Jesus Christus."[17]

Ferner stellt Bonhoeffer schonungslos fest, billige Gnade sei der „Todfeind unserer Kirche", „der bitterste Feind der Nachfolge" und „hat mehr Christen zugrunde gerichtet als irgendein Gebot der Werke".[18] Man kann sagen, dass man allein durch die Gnade als Geschenk Gottes gerechtfertigt ist, aber die Frucht eines gerechtfertigten Lebens ist derjenige, der alles verlassen hat und Christus nachfolgt.[19] Und der Grund dafür liegt darin, wie Bonhoeffer zu Recht feststellt, dass die Antwort der Jünger auf den

Ruf Jesu in die Nachfolge zuerst ein Akt des Gehorsams ist, bevor sie ein lehrhaftes Glaubensbekenntnis ist (Markus 2,14).[20]

Bonhoeffer beschreibt dann, wie die Gnade teuer ist und warum eine vollständige und vollkommene Hingabe in der Nachfolge die einzig angemessene Antwort ist:

> Die Gnade ist teuer, weil sie in die Nachfolge ruft, und Gnade ist sie, weil sie in die Nachfolge Jesu Christi ruft. Teuer ist sie, weil sie dem Menschen das Leben kostet, Gnade ist sie, weil sie ihm so das Leben erst schenkt. Teuer ist sie, weil sie die Sünde verdammt, Gnade, weil sie den Sünder rechtfertigt. Teuer ist sie vor allem darum, weil sie Gott das Leben seines Sohnes gekostet hat – „Ihr seid teuer erkauft" –, und weil uns nicht billig sein kann, was Gott teuer ist. Gnade ist sie vor allem, weil Gott sein Sohn nicht zu teuer war für unser Leben, sondern ihn für uns hingab. Teure Gnade ist Menschwerdung Gottes.[21]

Das Leben der Nachfolge ist eine Entdeckungsreise der Gnade. Es beginnt mit der Gnade, es erhält durch die Gnade seine Kraft und es ist von Anfang bis Ende von der Gnade durchdrungen. Es gibt keine echte Nachfolge, wenn wir nicht dem Weg Jesu folgen und gehorchen. Gottes Gnade kann als Geschenk – umsonst – empfangen werden, sie kann jedoch ohne die Forderungen der Nachfolge nicht bestehen.

GNADE IST ERSTAUNLICH

Philip Yancey erzählt eine Szene aus dem Film *Der letzte Kaiser*, in der ein kleiner Junge zum letzten Kaiser von China gesalbt wird. Er lebt im Luxus und hat viele Diener, die ihm zur Verfügung stehen.

„Was passiert, wenn du etwas falsch machst?", fragt sein Bruder.

„Wenn ich etwas falsch mache, wird jemand anderes bestraft", antwortet der junge Kaiser. Um dies zu demonstrieren, zerbricht der junge Kaiser einen wertvollen Gegenstand, und einer der Diener wird dafür geschlagen.[22]

Dies war der alte Brauch von Königen und Kaisern. Er war weder gerecht noch barmherzig. Dann kam jemand aus einer anderen Welt. Er war ein König, der dem Konzept der Autorität eine neue Bedeutung verlieh. Er kehrte die alte Ordnung um und führte ein neues Reich ein. Wenn seine Diener in Sünde fallen, nimmt der König auf sich, was ihnen zusteht. Yancey resümiert: „Gnade ist nur deshalb umsonst, weil der Geber selbst die Kosten getragen hat."[23]

Das ist nicht Gerechtigkeit oder Barmherzigkeit – das ist Gnade. Teure Gnade. Vielleicht ist das der Grund, warum wir Newtons Lied immer noch so gerne singen. Gnade ist erstaunlich.

Wie zeigt sich nun die überschwängliche Gnade Gottes in unserem täglichen Leben? Es ist eine Sache zu wissen, was Gnade bedeutet. Es ist schön zu wissen, dass Gott uns so liebt, aber was bedeutet das für mein Leben? Wie sieht Gnade aus, wenn ich sie sehe? Was bewirkt Gnade, wenn ich sie erfahre? Welchen Unterschied macht Gnade in meinem täglichen Leben?

Gnade wird in vielfältiger, nuancierter und unterschiedlicher Weise erfahren. Der Rest dieses Buches ist der Darstellung der vielfältigen Ausdrucksformen der Entdeckungsreise der Gnade gewidmet.

DER WEG

....

Durch die **suchende Gnade** (auch
zuvorkommende Gnade genannt) geht Gott
uns voraus, um einen Weg zu bahnen und uns
in eine Beziehung zu sich zu ziehen.

2. SUCHENDE GNADE[1]

Der Menschensohn ist nämlich gekommen, um Verlorene zu suchen und zu retten. -- Lukas 19,10

Nachfolge gleicht einem langen Gehorsam in derselben Richtung – mit Jesus als unserem Führer und Begleiter.[2] Wir nennen dies eine Entdeckungsreise der Gnade. Die Entdeckungsreise der Gnade ist immer dynamisch, weil sie durch und durch beziehungsorientiert ist. Das Leben im Glauben ist mehr Abenteuer als Plackerei, mehr Freude als Pflicht, und jeder Schritt auf dem Weg der Nachfolge ist eingehüllt in die Gnade Gottes. Wir erfahren Gottes Gnade auf unterschiedliche Weise in den verschiedenen Phasen unseres Lebens. Diese Facetten der Gnade sind nicht immer aufeinander folgend (in einer bestimmten Reihenfolge), sie werden vielmehr gemäß den verschiedenen Zwecken unterschieden, die sie auf unserer Reise der Nachfolge erfüllen.[3]

In der Bibel gibt es mindestens fünf Motive, die zeigen, wie wir die Gnade Gottes erfahren. Das soll nicht heißen, dass es verschiedene Klassifizierungen der Gnade gibt, als ob die Gnade in verschiedene kategorische Maße oder Typen zerlegt werden könnte.[4] Wie Jack Jackson betont, ist „Gottes Gnade einzigartig"[5] oder, in Anlehnung an John Wesley, ist Gottes Gnade einfach „die Liebe Gottes".[6] Um die Tendenz , die Gnade in verschiedene Typen einzuteilen, zu vermeiden, entschied sich Wesley dafür, sich auf den erfahrungsbezogenen Aspekt der Gnade zu konzentrieren: „Je nach der jeweiligen Phase oder Stufe ihrer Nachfolge erfahren Menschen die Gnade Gottes unterschiedlich. Diejenigen, die sich im natürlichen (vorchristlichen) Zustand befinden, erfahren die Gnade in einer zuvorkommenden Weise; sobald sie erweckt sind, erfahren sie die Gnade in überführender und rechtfertigender Weise; und schließlich, sobald sie gerechtfertigt sind, erfahren sie die Gnade als wirksame Kraft, die ihren Verstand und ihr Herz heiligt".[7] Jacksons Beschreibung der Theologie Wesleys ist wunderschön geschrieben, logisch und doch flexibel, mit seiner Unterscheidung zwischen Gnade als Sache und Gnade als eine auf Beziehung gründende Reise, welche Lebensumstände und Erfahrungen, von Gott inszenierte Begegnungen und von der Vorsehung geplante Zeitabläufe einschließt. Die Gnade ist eine Person und wird uns auf persönliche Weise gewährt.

In diesem Sinne werden die folgenden Motive vorgestellt, die uns helfen sollen, besser zu verstehen, wie wir oft Gottes Liebe auf der Entdeckungsreise der Gnade erfahren, wobei wir uns bewusst sind, dass es sich nicht um verschiedene Arten von Gnade handelt, sondern um die unterschiedlichen Weisen, wie wir Gott als personifizierte Gnade im Laufe unseres Lebens erfahren können.[8]

- Suchende Gnade

- Rettende Gnade

- Heiligende Gnade

- Erhaltende Gnade

- Ausreichende Gnade

In den folgenden Kapiteln werden wir jedes dieser Motive im Detail biblisch, theologisch und erfahrungsbezogen untersuchen. Wir beginnen hier mit der suchenden Gnade.

DIE GNADE, DIE UNS VORAUSGEHT

Die Gnade Gottes beginnt nicht erst im Augenblick unserer Erlösung. Sie geht sogar dem Bewusstsein voraus, dass wir Gott brauchen. Wir suchen Gott nicht von Natur aus, sondern Gott sucht uns. Der theologische Begriff für dieses Handeln, mit dem Gott uns näher an sich heranführen will, lautet zuvorkommende Gnade. Zuvorkommende Gnade bedeutet einfach, dass Gott zu uns kommt, bevor wir zu Gott kommen. Gottes Gnade sucht uns auf und kommt dorthin, wo wir sind.

Manchmal beginnen Christen ein Zeugnis über ihre Bekehrungserfahrung mit der Aussage, dass sie an einem bestimmten Ort oder in einem bestimmten Alter „zu Jesus gefunden" haben. Das sind aufrichtige Versuche, eine bestimmte Zeit und einen bestimmten Ort zu nennen, an dem sie eine Begegnung mit Gott hatten und eine Wiedergeburt in Christus erlebten. Doch die Formulierung „zu Jesus gefunden" ist nicht ganz korrekt, denn niemand findet jemals zu Jesus Christus. Jesus Christus findet uns. In einem sehr wichtigen Brief an die ersten Heidenchristen sagt der Apostel Paulus: „Auch ihr wart früher tot aufgrund eurer Sünden. Ihr habt genauso in der Sünde gelebt wie der Rest der Welt. Doch Gott ist so barmherzig und liebte uns so sehr, dass er uns, die wir durch unsere Sünden tot waren, mit Christus neues Leben schenkte, als er ihn von den Toten auferweckte.

Nur durch die Gnade Gottes seid ihr gerettet worden" (Epheserbrief 2,1–2.4–5). Achten Sie besonders auf ein Wort, das Paulus
mit Nachdruck wiederholt: tot. Paulus nimmt dies sehr ernst.
Er sagt nicht, dass wir in unseren Sünden „krank" waren oder in
unseren Sünden „feststeckten". Nein, wir waren tot in unseren
Sünden.

Der Bibel zufolge gibt es drei Arten von Tod: den körperlichen,
den geistlichen und den ewigen. Paulus beschreibt hier den geistlichen Tod. Wir lebten und atmeten und gingen unseren Alltags-
tätigkeiten nach, waren aber aufgrund unserer Sünde geistlich
tot. Ein Mensch kann körperlich lebendig sein und herumlaufen,
aber im Inneren unfähig sein, auf geistliche Dinge zu reagieren,
weil er kein geistliches Empfinden hat. Deshalb ist jemand, der
geistlich tot ist, nicht empfänglich für geistliche Wahrheit. Sie ist
für eine solche Person genau so wenig real wie es der Geruchssinn
für einen Toten wäre. Tote Menschen sind nicht ansprechbar,
haben keinen Kontakt zu anderen und nehmen ihre Umgebung
nicht wahr.

Paulus sagt, dass wir uns alle in diesem zombieartigen Zustand
der wandelnden Toten befunden haben. Da Tote nicht auf äußere Reize reagieren können, kann kein geistlich toter Mensch
aus eigener Kraft „zu Christus finden". Es muss Hilfe von außen kommen. Deshalb greift Gott laut Paulus und anderen biblischen Autoren in unsere verzweifelte Lage ein und tut etwas für
uns, was wir aus eigener Kraft nicht tun können: Gott kommt
dorthin, wo wir sind. Durch die Kraft des Heiligen Geistes be-
wegt sich Gott auf uns zu und erweckt unsere geistliche Sensibilität. Diese Realität führt zu einem tiefgründigen Gedanken: Sogar unsere Fähigkeit, Nein zu sagen zu den Eingebungen Gottes,
ist nur möglich, weil Gottes zuvorkommende Gnade uns bereits

begegnet ist. Wir sind nur deshalb frei, Gott zu antworten, weil Gott unser geistliches Bewusstsein dazu befreit hat. Jeder Antwort an Gott geht eine Einwirkung der Gnade auf uns voraus.

„Dornröschen" ist ein berühmtes Märchen über eine Prinzessin, die von einer bösen Königin verzaubert wurde. Die Prinzessin befindet sich im Dauerschlaf und kann nur geweckt werden, wenn ihr Prinz kommt und sie küsst. Dieser Kuss wird sie aus ihrem komatösen Zustand aufwecken und sie aus ihrer hoffnungslosen Lage befreien. Auch wenn es nur ein Märchen ist, so ist es doch ein Symbol dafür, wie die zuvorkommende Gnade wirkt. Die Bibel sagt, dass sich jede menschliche Seele in einer Art geistlichem Todesschlaf befindet und dass wir nicht in der Lage sind, geistliches Bewusstsein in uns selbst zu wecken. Dann kommt der Prinz und küsst uns, der Zauber ist gebrochen, und wir erwachen zu neuen, bisher unbekannten Realitäten. Wie der liebeskranke Vater in Lukas 15 seinem ehrlosen Sohn auf dem Weg entgegenläuft, so steht dieser Kuss für die zuvorkommende Gnade. Lesen Sie diese Worte aus dem anrührenden Gleichnis noch einmal unter dem Aspekt der zuvorkommenden Gnade: „Er war noch weit entfernt, als sein Vater ihn kommen sah. Voller Liebe und Mitleid lief er seinem Sohn entgegen, schloss ihn in die Arme und küsste ihn. ... denn mein Sohn hier war tot und ist ins Leben zurückgekehrt. Er war verloren, aber nun ist er wiedergefunden.' Und ein Freudenfest begann." (Lukas 15,20.24)

JOHN WESLEY UND DIE ZUVORKOMMENDE GNADE

Unser theologischer Urahn John Wesley hatte viel über die zuvorkommmende Gnade zu sagen. Er glaubte zwar nicht, dass die eigentliche Nachfolge schon vor der Bekehrung beginnt, behauptete jedoch, dass Gottes Gnade im Voraus wirkt, indem sie in den Menschen den Wunsch weckt, Gott zu suchen, und dass dieser Wunsch den Beginn der Erweckung eines Menschen markiert.[9] Wir suchen Gott nur, weil Gott uns zuerst sucht.

John Wesley war zwar nicht der erste, der die Idee vertrat, die Kraft der zuvorkommende Gnade werde allen Menschen zuteil, er fügte jedoch seine eigene Unterscheidung zur Heilsordnung hinzu.[10] Wesley, der sie manchmal als „vorbeugende Gnade" (engl. preventing grace) bezeichnete, glaubte, dass Gottes Gnade von Geburt an in allen Menschen wirksam ist und sie zum ewigen Leben in Jesus Christus führen will. Das gilt selbst dann, wenn sie noch nie das Evangelium gehört haben. Gottes vorherige Gegenwart und sein Handeln durch den Heiligen Geist ist die Gnade, die dem Hören der guten Nachricht, dem geistlichen Erwachen und der Bekehrung „vorausgeht".

Kein Mensch ist der Gnade Gottes fremd, und jeder ist das Ziel des Werbens des Geistes Jesu. Als gefallene Menschen, „tot in unseren Übertretungen und Sünden" (Epheserbrief 2,1), sind wir nicht in der Lage, aus eigener Kraft zu Gott zu kommen. Deshalb ist Gott immer als erster zur Stelle, wenn es um Erweckung, Bekehrung und Veränderung des Lebens geht. Wir nennen das anfängliche Wirken des Heiligen Geistes „zuvorkommend", weil es immer unserer Antwort vorausgeht. Man kann zum Glauben an Jesus Christus kommen, aber niemand „kommt zu Christus", wenn Gott ihn nicht vorher zieht und befähigt. Jesus sagte seinen Jüngern, dass dies das Werk des Heiligen Geistes sein würde (Johannes 16,5–15; siehe auch Johannes 6,44).

Um es mit den Worten von Lovett Weems zu sagen: „Gott sucht uns, bevor wir jemals Gott suchen. Die Initiative zur Rettung liegt von Anfang an bei Gott. Bevor wir auch nur einen Schritt machen, ist Gott schon da."¹¹ Die Gnade ist nicht unwiderstehlich, aber kein Mensch bleibt ohne die Einladung zu einer persönlichen Beziehung zu Gott. Für die Vertreter der wesleyanischen Heiligungstradition bedeutet dies, dass wir, wenn wir das Evangelium mit jemandem teilen, niemals einen moralisch neutralen Kontext vorfinden. Jeder Mensch, dem wir begegnen, steht unter der Wirkung der zuvorkommenden Gnade. Sicherlich sind manche eher ablehnend, während andere aufgeschlossener sind, aber wir können sicher sein, dass Gott in ihrem Leben schon lange vor unserem Erscheinen auf der Bildfläche treu gewirkt hat. Der Prinz ist uns beim Betreten ihrer Lebensbühne zuvorgekommen.

Gottes Angebot der Errettung ist nicht zwingend. Das Wesen gegenseitiger Liebe (die Grundlage echter Beziehung) erfordert die Freiheit, angebotene Liebe anzunehmen oder abzulehnen. Dennoch geht die zuvorkommende Gnade unserer Antwort voraus und ermöglicht erst unsere Antwort. Dies ist die Reihenfolge bei der Errettung und der Beginn der Nachfolge. Gott initiiert, wir reagieren. Die Gnade kommt immer zuerst.

SICHTBAR MACHEN, WAS GOTT IN UNS WIRKT

Das gesamte Neue Testament legt Zeugnis davon ab, und die Schriften des Apostels Paulus betonen besonders, dass „wenn ein Mensch zum Glauben an Jesus als den auferstandenen Herrn gekommen ist, dieses Ereignis selbst ein Zeichen dafür ist, dass der Geist durch das Evangelium wirkt, und dass, wenn der Geist das ‚gute Werk' begonnen hat, dessen erste Frucht dieser Glaube ist, man darauf vertrauen kann, dass der Geist das Werk vollenden wird".[12] Diese Gewissheit verneint jedoch nicht die Wichtigkeit der menschlichen Beteiligung. Beziehung führt zur Zusammenarbeit.

Paulus hebt hervor, wer den Weg der Gnade beginnt und wer ihn beendet: „Ich bin ganz sicher, dass Gott, der sein gutes Werk in euch angefangen hat, damit weitermachen und es vollenden wird bis zu dem Tag, an dem Christus Jesus wiederkommt" (Philipperbrief 1,6).[13] Darüber hinaus muss der Nachfolger (und die Kirche) Jesu „noch mehr darauf achten, dass Gottes Liebe in eurem Leben sichtbar wird. Deshalb gehorcht Gott voller Achtung und Ehrfurcht. Denn Gott bewirkt in euch den Wunsch, ihm zu gehorchen, und er gibt euch auch die Kraft zu tun, was ihm Freude macht." (2,12–13)[14] Wir müssen – durch die Gnade – in der Welt das sichtbar machen, was Gott in uns wirkt. Dazu gibt es zahlreiche hilfreiche Beispiele in der Bibel.

Gott kam zu Abraham an einem Ort namens Ur der Chaldäer (heutiges Iran). Gott initiierte den Ruf: „Von dir wird ein großes Volk abstammen. Ich will dich segnen und du sollst in der ganzen Welt bekannt sein. Ich will dich zum Segen für andere machen." (Genesis 12,2) Wer kam zuerst? Gott. Wer begann das gute Werk in Abraham? Gott. Abraham musste jedoch im Gehorsam reagieren, um in der Welt das sichtbar zu machen, was Gott in ihm wirkte. Gott erschien Jakob im Traum und zeigte ihm eine Himmelsleiter (Genesis 28,10–22) und rang später mit Jakob am Fluss Jabbok (32,22–32). Wer kam zuerst? Gott. Wer begann das gute Werk in Jakob? Gott. Dennoch musste Jakob sichtbar machen, was Gott in ihm wirkte.

Mose befand sich „mitten in der Pampa". Gott kam zu ihm in einem brennenden Dornbusch und berief ihn dazu, sein Volk aus der Sklaverei in Ägypten zu befreien (Exodus 3,1–4,17). Wer kam zuerst? Gott. Wer begann das gute Werk in Moses? Gott. Dennoch musste Mose sichtbar machen, was Gott in ihm wirkte.

Der lebendige Christus erschien (oder überfiel) Saulus auf der Straße nach Damaskus (Apostelgeschichte 9,1–19). Saulus war nicht auf der Suche nach Gott. Er hatte den Auftrag, die Christen zu verfolgen. Wer kam zuerst? Gott. Wer begann das gute Werk in Saulus (der bald darauf zu Paulus, dem Missionar für die Nichtjuden, wurde)? Gott. Dennoch musste Paulus, wie er später in seinem Brief an die Gemeinde in Philippi sagen würde, sichtbar machen, was Gott in ihm wirkte.

Der Eunuch aus Afrika auf einer Wüstenstraße in Judäa (Apostelgeschichte 8), Kornelius durch eine Vision um drei Uhr nachmittags (Apostelgeschichte 10), Lydia an einem Flussufer (Apostelgeschichte 16): Was haben sie alle gemeinsam? Diese und viele andere Geschichten zeigen, wie Menschen im Glauben dem Gott antworteten, der zuerst zu ihnen kam. Sie alle machten sichtbar, was Gott in ihnen wirkte.

Es gibt ein einheitliches Muster, bei dem Gott mit zuvorkommender Gnade handelt und die Menschen im Glauben darauf reagieren. Der britische Missionswissenschaftler Lesslie Newbigin hat einmal gesagt: „Der Glaube ist die Hand, die das vollendete Werk Christi ergreift und es sich zu eigen macht." Die zuvorkommende Gnade entbindet nicht von der Notwendigkeit einer Antwort, aber sie kommt immer zuerst. Selbst Augustinus, ein entschiedener Verfechter der Prädestinationslehre, bestätigte: „Er, der uns ohne uns selbst gemacht hat, wird uns nicht ohne uns selbst retten."[15]

VORSEHUNG UND ZUVORKOMMENDE GNADE

Es gibt einen Unterschied zwischen der Gnade der Vorsehung und zuvorkommender Gnade. Die Vorsehung ist die Art und Weise, wie Gott für den Unterhalt und die Versorgung seiner Schöpfung, einschließlich der Menschen, sorgt.[16] Gott „sorgt dafür" oder „sieht das vor" (Genesis 22,8.14), was zur Erhaltung der Welt und zur Versorgung der Menschen notwendig ist.

Wie Gottes Vorsehung das Leben jedes Menschen kreuzt, ist zutiefst geheimnisvoll. Wann, wo und in welche Familie man geboren wird, ist eine Frage der Vorsehung. Warum ein Mensch 1765 in Indien in eine Hindu-Familie hineingeboren wird, während ein anderer 2020 in Mosambik in eine christliche Familie hineingeboren wird, ist eine Frage der Vorsehung. Die Vorsehung Gottes ist mit einem unterschiedlichen Maß an geistlicher Verantwortung verbunden. Jemand, der sein ganzes Leben lang die

Gelegenheit hat, das Evangelium zu hören, wird anders beurteilt werden als jemand, der den Namen Jesus nie gehört hat. In Jesu Gleichnis vom treuen und klugen Knecht geht es um mehr als um materiellen Besitz – es geht um den Umgang mit der Gnade Gottes. „Von den Menschen jedoch, denen viel anvertraut wurde, wird viel verlangt, und von denjenigen, denen noch mehr anvertraut wurde, wird auch noch viel mehr verlangt werden." (Lukas 12,48) Nicht alle erhalten die gleichen Chancen und die gleiche Ausgangsposition. Einige erhalten mehr, andere weniger. Das Geschenk des „mehr" bringt eine höhere Verantwortung mit sich. Dies sind Fragen der göttlichen Vorsehung.

Wenn Vorsehung der Ort ist, an den Gott uns stellt, dann beschreibt die zuvorkommende Gnade die facettenreichen Wege, auf denen Gott uns begegnet. Jeder erhält die gleiche Gnade, die der Errettung vorausgeht. Die Antwortmöglichkeiten sind jedoch unterschiedlich. Gott wendet sich beharrlich und geduldig an alle. Dieser Glaube unterscheidet das Christentum von anderen Weltreligionen, die lehren, dass Gott antwortet, wenn die Menschen sich zuerst auf Gott zubewegen. Das Christentum kehrt die Reihenfolge um: Gott handelt immer zuerst und ermöglicht so eine Antwort.

Gott initiiert das gute Werk der Gnade und des Friedens. Erlösung und Neuschöpfung beginnen immer mit Gottes Initiative. Nichts offenbart dies mehr als die Überzeugung, dass der Vater Jesus Christus in die Welt gesandt hat. Gott handelt immer zuerst. Der Heilige Geist macht den Menschen ihr Bedürfnis nach Errettung bewusst, überführt sie von Sünde und wendet das Sühnewerk Christi auf sie an, wenn sie im Glauben reagieren.

Für John Wesley beinhaltet die geistliche Erweckung mehr als nur ein Erwachen des Gewissens: „Es gibt keinen Menschen, der gänzlich ohne die Gnade Gottes wäre, es sei denn, er habe den Geist ausgelöscht. Kein lebender Mensch ist völlig frei von dem, was man gemeinhin als natürliches Gewissen bezeichnet. Jeder Mensch besitzt ein gewisses Maß an diesem Licht, ... das jeden Menschen, der in die Welt kommt, erleuchtet. Und jeder ... fühlt sich mehr oder weniger unwohl, wenn er gegen das Licht seines eigenen Gewissens handelt. Es sündigt also niemand, weil er keine Gnade hat, sondern weil er die Gnade, die er hat, nicht nutzt".[17] Ein unruhiges Gewissen, ein wachsendes Bewusstsein für Recht und Unrecht und ein erwachendes geistliches Bewusstsein sind Gottes gnädige Gaben für jeden Menschen. Diese Überzeugung hat wichtige Auswirkungen auf die Evangelisation im Geiste Wesleys.

ZUVORKOMMENDE GNADE UND EVANGELISATION

Ich habe mich einmal mit einer Gruppe von christlichen Pastoren getroffen, die in einer Gegend leben, wo es schwer ist, Nachfolger Christi zu sein. Es ist zwar legal, Christ zu sein, jedoch ist es gesetzlich streng verboten, für einen Übertritt von einem Glauben zu einem anderen zu werben. Offene christliche Evangelisation wird mit Gefängnis und sogar mit dem Tod bestraft. Ich fragte die Pastoren, wie Evangelisation in einer so feindseligen und gefährlichen Umgebung vonstattengeht. Nach einigen Augenblicken der Stille antwortete ein Pastor: „Träume". Ich verstand das nicht und bat ihn um eine Erklärung. „Nicht Dutzende, sondern Hunderte unserer Nachbarn haben in der Nacht

Träume. Der auferstandene Christus erscheint ihnen in seiner ganzen Schönheit und Majestät. Wenn sie aufwachen, kommen sie und stellen Fragen. ‚Erzählen Sie uns von diesem Mann, der in der Nacht zu uns kommt.' Wenn sie fragen, ist es unsere Pflicht zu antworten. Wir evangelisieren nicht. Wir geben ihnen lediglich Hinweise aus unserer Erfahrung, um ihre Erfahrungen zu erklären. Viele von ihnen entscheiden sich auf diese Weise, ihr Leben Jesus Christus zu weihen".

In Gegenden, wo die Kirche vor verschlossenen Türen steht, geht der Geist Gottes uns voran. Die zuvorkommende Gnade Gottes kennt keine Grenzen oder Schranken. Die Liebe Gottes streckt sich unnachgiebig auch nach den schwierigsten, widerspenstigsten und feindseligsten Menschen aus. Sie mögen nie mit Glauben und Gehorsam reagieren, aber sie können sich nicht der durchdringenden Gegenwart Gottes entziehen, der niemals aufhört, sie zu lieben und zu sich zu ziehen.

Das war die sich ständig wiederholende Geschichte des *Jesus-Films*. Dieser Film ist eine Darstellung des Lebens Christi. Im Leben von Tausenden von Menschen auf der ganzen Welt hat sich dieser Film als wirksames Instrument der Gnade erwiesen. Er wurde Menschen in entlegenen Gebieten gezeigt, wo der Name Jesus völlig unbekannt war. Eine Begebenheit erzählt vom Häuptling eines Stammes, der während einer Vorführung aufstand und sagte: „Stopp! Wir kennen diesen Mann! Er ist unseren Vorfahren vor vielen Jahren erschienen und hat ihnen diese Geschichte der Errettung offenbart. Er sagte, dass eines Tages jemand kommen würde, um uns seinen Namen zu sagen. Und jetzt wissen wir, dass sein Name Jesus ist". Dies ist zwar nur ein Beispiel für andere ähnliche Geschichten, aber es zeigt, dass der Geist Gottes der Kirche, wie immer, weit voraus ist. Der Heilige

Geist hatte den Boden in den Herzen der Menschen bestellt, um das Evangelium aufzunehmen. Die zuvorkommende Gnade hat sich mit Gottes Vorsehung überschnitten, lange bevor die Kirche ankam, um die gute Nachricht zu verkünden. Als Folge nimmt oft ein ganzer Stamm den Glauben an Christus an.

Die christliche Evangelisation ist weder ein Soloakt noch ein Moment der Einsamkeit. Sie ereignet sich in beziehungsorientierten Interaktionen, die durch den Heiligen Geist angeregt werden, der immer gnädig vorausgeht. Kein Christ kann in den Rückspiegel seines Lebens schauen und nicht sehen, auf welch wunderbare Weise Gott gehandelt hat, um ihn zu erwecken und zur Umkehr und zum Glauben an Jesus Christus zu bringen.

Mein Vater wurde als junger Teenager Christ durch seine Pflegeeltern, die der Kirche des Nazareners angehörten. Ich wurde Christ durch das Beispiel christlicher Eltern und einer Gruppe von Männern, die sich jeden Mittwochmorgen trafen, um speziell für meine Errettung zu beten. Ihre Entdeckungsreise der Gnade ist einzigartig für Sie. Was für alle gleich bleibt, ist, dass Gott immer vorangeht.

Mein Freund Stéphane war Atheist und studierte Roboterwissenschaften an einer Universität in Deutschland. Sein atheistischer Onkel erzählte ihm von dem Film *Die Mission*. Er empfahl ihm den Film wegen der „hervorragenden schauspielerischen Leistung und der schönen Landschaftsaufnahmen". Der Film spielt im achtzehnten Jahrhundert, in den Regenwäldern im Nordosten von Argentinien. Eine spanische Missionsstation der Jesuiten wurde gegründet, um die Ureinwohner der Guarani-Stämme für Christus zu gewinnen.

Stéphane lieh sich den Film aus. Besonders wurde er durch eine Szene berührt, in der ein Sklavenhändler und Söldner namens Rodrigo Mendoza einen steilen Hang mit einem Wasserfall erklimmt. Auf dem Rücken trägt er sein Handwerkszeug – seine Rüstung und seine Schwerter. Er tut Buße für seine vielen Sünden. Als Mendoza den Gipfel des Steilhangs erreicht, springt ein Krieger des Stammes, den Mendoza entführt und in die Sklaverei verkauft hat, auf ihn zu und hält ein Messer in der Hand, als wolle er Mendoza die Kehle durchschneiden. Nach kurzem Zögern schneidet der Stammeskrieger das Seil von Mendozas Schultern und lässt den schweren Rucksack auf den Grund des Wasserfalls stürzen. Mendoza wird plötzlich bewusst: Etwas hat eine solche Veränderung bewirkt, dass dieser junge Krieger nicht mehr nach Rache dürstet, sondern bereit ist, Barmherzigkeit walten zu lassen.

Erschöpft und mit Schlamm bedeckt, fällt Mendoza zu Boden. Er beginnt unkontrolliert zu weinen, aber nicht aus Reue, sondern vor Freude über den inneren Frieden. Er findet Zuflucht in dem Dorf und wird in ihre Gemeinschaft aufgenommen. Schließlich legt Mendoza das Gelübde eines Jesuitenpriesters ab.

Später erhält Mendoza ein Buch, aus dem er eine Passage über die Bedeutung der Liebe vorliest. Stéphane kannte die Quelle dieser Worte nicht, aber er sagte, es seien die poetischsten und schönsten Worte, die er je gehört habe. Sie fesselten ihn so sehr, dass er sich die Szene immer wieder genau ansah. Er schrieb die Worte auf, um sie nicht zu vergessen. Dann ging er in eine Bibliothek, um nach der Quelle des Gedichts zu suchen. Zu seiner Überraschung stammten die Worte aus der Bibel. Er las wiederholt aus 1. Korintherbrief 13 – „dem Kapitel der Liebe".

Kurze Zeit später begann Stéphane, sich für eine Kommilitonin zu interessieren. Eines Abends lud sie Stéphane in einen „Klub" ein, wie sie es nannte. Der Klub entpuppte sich als ein Bibelgesprächskreis. Stéphane lernte das Vaterunser. Als Wissenschaftler glaubte er an Experimente, um logische Ergebnisse zu ermitteln. Stéphane stellte fest, dass er jedes Mal, wenn er vor dem Schlafengehen das Vaterunser betete, friedlich einschlief. Bald begann er, jeden Abend vor dem Schlafengehen zu beten. Er wurde von einer ihn verfolgenden Liebe und einer vorausgehenden Gnade erweckt.

Der missionarische Gott begann, die Gebete eines jungen Atheisten zu erhören. Er entdeckte die Herrlichkeit der Liebe Gottes durch einen Film mit „hervorragender schauspielerischer Leistung und schönen Landschaftsaufnahmen". Stéphane antwortete auf die ihm vorausgehende Gnade. Er bekannte seinen Glauben an Christus und begann, in der Welt das sichtbar zu machen, was Gott in ihm wirkte. Stéphane ist jetzt Missionar in der Kirche des Nazareners. Das ist die zuvorkommende Gnade Gottes, die zu Umkehr und Veränderung führt.

Der Glaube an die Kraft der zuvorkommenden Gnade macht es unmöglich, jemanden aufzugeben, der noch nicht Christ geworden ist. Wir dürfen die Hoffnung für niemanden aufgeben, weil Gott sie nicht aufgibt. Das Vertrauen von Evangelisten ruht weder auf ihnen selbst noch auf den Fähigkeiten derer, die das Evangelium hören. Unser absolutes Vertrauen gründet vielmehr darin, dass Gottes Liebe allen Menschen gilt. Sie ist verschwenderisch (Epheserbrief 1,7), unnachgiebig und unveränderlich. Es reicht aus, das zu vollenden, was Gott beginnt. Von Gott inszenierte Begegnungen stehen an!

Wie weit wird Gott gehen, um einen Menschen zu erreichen? Ich habe den Text des Liedes „Reckless Love" (deutscher Titel: „gewagte Liebe", wörtlich etwa „rücksichtslose Liebe") von Cory Asbury aus dem Jahr 2017 zu schätzen gelernt, in dem es um die suchende Gnade Gottes geht. Das Lied handelt von der Gnade Gottes im Leben des Sängers, „bevor ich ein Wort sprach" und „bevor ich einen Atemzug tat". Er beschreibt die „überwältigende, nie endende, rücksichtslose Liebe Gottes", die „mich jagt, kämpft, bis ich gefunden werde, die die neunundneunzig zurücklässt". Der Refrain lautet wie folgt:

> *Es gibt keinen Schatten, den du nicht erhellst*
> *keinen Berg, den du nicht besteigst*
> *auf der Suche nach mir*
> *Es gibt keine Mauer, die du nicht zertrümmerst*
> *Keine Lüge, die du nicht einreißt*
> *auf der Suche nach mir.*[18]

Überwältigend. Nie endend. So weit wird Gott gehen, um einen Menschen zu erreichen.

DIE WAHRHEIT

. . . .

Durch die **rettende Gnade** rettet uns Jesus von der Sünde und führt uns in die Wahrheit, die uns frei macht.

3. Rettende Gnade

Denn der Lohn der Sünde ist der Tod; das unverdiente Geschenk Gottes dagegen ist das ewige Leben durch Christus Jesus, unseren Herrn. – Römerbrief 6,23

Ein Sportreporter fragte einmal den berühmten Profigolfer Jack Nicklaus, was das häufigste Problem von Amateurgolfern sei. In der Erwartung, dass er etwas über mangelnde Übung oder die Unfähigkeit, konstant gut zu putten, sagen würde, war ich überrascht, als Nicklaus stattdessen antwortete: „Selbstüberschätzung". Die Überzeugung, sie seien besser, als sie wirklich sind, oder könnten mehr, als sie wirklich können. Ich glaube, ich kann den Ball zwischen den beiden Bäumen hindurch spielen. Ich kann den Ball wahrscheinlich über das Wasser schlagen. Das ist Selbstüberschätzung.

Menschen machen das ständig. Sie überschätzen ihre Fähigkeiten bei weitem und unterschätzen ihre Grenzen. Nirgendwo tritt das Problem der Selbstüberschätzung jedoch häufiger auf als im geistlichen Bereich. Wir überschätzen bei weitem unsere geistliche Kraft und unterschätzen unsere geistliche Schwachheit.

MORALISMUS

Diese Tendenz zur geistlichen Selbstüberschätzung wird als Moralismus bezeichnet. Moralismus ist die selbstgerechte Überzeugung, dass geistlich alles in Ordnung ist, weil man ein anständiges moralisches Leben führt und sein Verhalten verbessert hat. Anders ausgedrückt: Ein Moralist glaubt, dass er durch das Gute, das er tut, und das Schlechte, das er meidet, gerettet wird.

Alle Moralisten äußern sich ähnlich: „Ich bin zwar keine Mutter Theresa, aber ich bin auch kein schlechter Mensch. Ich verdiene mein Brot auf ehrliche Weise. Ich zahle meine Schulden zurück. Ich betrüge meinen Ehepartner nicht. Ich wähle verantwortungsbewusst. Ich spende ein wenig Geld für wohltätige Zwecke. Ich bin kein geistlicher Fanatiker, aber ich bin auch nicht so schlecht." Mit anderen Worten: Moralisten glauben, dass Gott am Tag des Jüngsten Gerichts die Tatsache berücksichtigen wird, dass sie mehr Gutes als Schlechtes tun, insbesondere im Vergleich zu „anderen" Menschen (Serienmördern, Vergewaltigern, Drogendealern usw.), die viel schlimmer sind. Moralismus ist in unserer heutigen Welt weit verbreitet.

Im Jahr 2004 führte die Gallup-Organisation eine Umfrage durch, um herauszufinden, was die Amerikaner über den Himmel glauben. Was mir wirklich aufgefallen ist, ist die Zahl der Menschen, die glauben, dass sie in den Himmel kommen: 77 Prozent derjenigen, die an den Himmel glauben, stufen ihre Chancen, dorthin zu gelangen, als „gut" oder „ausgezeichnet" ein. Den Angaben der Befragten zufolge kommen jedoch nur sechs von zehn ihrer Freunde in den Himmel. Was ich vor allem im Hinblick auf eine moralistische Sichtweise höchst interessant finde, ist die Tatsache, dass viele der Befragten die Überzeugung vertraten, dass „es einen Himmel gibt, in dem Menschen, die ein gutes Leben geführt haben, in der Ewigkeit belohnt werden".[1] Ich betone „ein gutes Leben geführt haben", um darauf hinzuweisen, dass die meisten Menschen glauben, dass sie aufgrund ihres „guten Lebens" und „moralischen Verhaltens" nach ihrem Tod in den Himmel kommen.

Diana, Prinzessin von Wales, starb 1997. Es war ein tragischer Verlust für viele Menschen auf der ganzen Welt. Aufgrund ihrer internationalen Popularität waren das Medieninteresse und die öffentliche Trauer groß. Ich erinnere mich, wie die Menschen davon sprachen, wie tröstlich es sei zu wissen, dass Diana jetzt im Himmel sei, dass sie ein Engel sei, der auf sie aufpasse, und dass der Himmel ein besserer Ort für sie sei als diese Welt. Ich behaupte nicht, dass Diana nicht im Himmel ist, aber ich frage mich, welche Denkweise so viele Menschen dazu bringt zu sagen, sie sei dort. Soweit ich das beurteilen kann, war sie eine freundliche, mitfühlende Person, die ihren beträchtlichen Einfluss für das Gute einsetzte. Sie half den Armen, setzte sich für AIDS-Kranke ein und trug mit ihrem Engagement dazu bei, das Bewusstsein für die Bedürfnisse von Kindern und Jugendlichen zu schärfen. Es ist schön, für all diese wunderbaren Dinge bekannt zu sein, aber wird man aufgrund dieser Dinge gerettet? Kann unser Gutsein oder das Tun des Guten zur Errettung, zum Himmel und zur ewigen Belohnung führen?

Wir leben in einer Zeit, in der die Meinungen zu diesen Fragen weit auseinander gehen. Viele Menschen sind der Meinung, dass Gott bei der Beurteilung sehr großzügig ist und ein bisschen Gutsein schon sehr viel wert ist. Wenn wir nur mehr Dinge in der Spalte „gut" als in der Spalte „schlecht" anhäufen können, wird die Waage irgendwie zu unseren Gunsten ausschlagen, und unser ziemlich gutes Leben und unsere ehrlichen Bemühungen werden die Differenz mehr als ausgleichen. Das ist Moralismus.

Gottes Wort ist in diesem Punkt jedoch eindeutig: Wir werden nicht durch unsere Bemühungen gerettet; wir werden nicht durch unser Gutsein gerettet; wir werden nicht durch unsere Absichten gerettet. Wir werden durch Gnade gerettet, und die Gnade kommt von außerhalb unserer selbst. Die rettende Gnade kommt von Gott in der Person Jesu Christi.

Das Sühnewerk

Das Kreuz ist heute vielleicht das bekannteste Symbol in der Welt, mit dem höchsten Wiedererkennungswert. Wenn wir das Kreuz sehen, werden wir an das Leben und den Kreuzestod Jesu erinnert. Die Kreuzigung war die grausamste und qualvollste Form der Hinrichtung, die je von der Menschheit erfunden wurde. Aus diesem Grund fände ein Mensch des ersten Jahrhunderts es höchst seltsam, wenn er moderne Menschen mit einem Kreuz an einem Kettchen um den Hals sehen würde. Wenn wir heute jemanden mit einem Symbol für den elektrischen Stuhl an einer Halskette um den Hals sehen würden, fänden wir das seltsam, stellt es doch ein Instrument der Todesstrafe dar. Genau das war das Kreuz für die Menschen im ersten Jahrhundert. Es war schmachvoll und geschmacklos. Es war das Schicksal von hartgesottenen Kriminellen und Aufständischen. Die Kreuzigung war so entsetzlich, dass in der englischen Sprache ein Wort kreiert wurde, um sie zu erklären. Das englische Wort „excruciating" (deutsch qualvoll) bedeutet wörtlich „vom Kreuz".

Der Tod durch das Kreuz war eine langsame, qualvolle und öffentliche Art zu sterben. Nichts blieb verborgen. Wer gekreuzigt wurde, wurde oft verspottet und verhöhnt. Die zuschauende Menge warf mit Steinen und lachte, während die Gekreuzigten langsam in einen Zustand tiefen, erschwerten Atmens und Schnappens nach Luft verfielen. Sie starben schließlich an Erstickung, weil in diesem hängenden Zustand ihre Lunge nicht mehr richtig arbeiten konnte. Es konnte manchmal mehrere Tage dauern, bis jemand endlich starb, und danach wurden die Gekreuzigten nicht menschenwürdig bestattet. Stattdessen ließ man sie oft hängen, damit die Vögel ihr Fleisch fraßen. Nachdem genug Zeit verstrichen war, um den Toten als abschreckendes Beispiel für alle Gegner des Römischen Reiches zu präsentieren, wurde alles, was von der Leiche noch übrig war, heruntergeholt und auf die Müllhalde der Stadt geworfen.

Vergessen wir nicht, dass Jesus an einem Verbrecherkreuz gekreuzigt wurde, was mich dazu bringt, etwas zu sagen, was auch jetzt noch höchst merkwürdig erscheint: Christen bezeichnen dies als eine gute Nachricht. Wir sagen sogar, dass dies die beste Nachricht ist, die wir je gehört haben. Das in der Bibel für diese gute Nachricht gebrauchte Wort heißt „Evangelium". Das Kreuz ist unser Evangelium, unsere gute Nachricht.

In der kürzesten Zusammenfassung des Evangeliums im Neuen Testament erklärte der Apostel Paulus: „Ich habe euch das weitergegeben, was am wichtigsten ist und was auch mir selbst überliefert wurde – dass Christus (...) starb ..." (1. Korintherbrief 15,3). Für sich genommen ist das keine gute Nachricht, aber dann gibt

Paulus dem Tod Christi durch die äußerst wichtige Präposition „für" eine theologische Bedeutung, um unseren Blick von einer tragischen historischen Tatsache weg auf ihre bemerkenswerte Bedeutung für unsere Entdeckungsreise der Gnade hin zu lenken: „dass Christus *für* unsere Sünden starb, genau wie es in der Schrift steht". Wenn das „für" hinzugefügt wird, wird es zur guten Nachricht – der besten Nachricht, die wir je gehört haben.

Theologisch wird das „Sterben für unsere Sünden" in der Schrift als Sühne bezeichnet. Die Sühne wurde durch das Kreuz Jesu Christi geleistet. Die Lehre vom Sühneopfer beginnt im Alten Testament. Der Versöhnungstag, auch Jom Kippur genannt,[2] war der heiligste Tag im alten Judentum. Er war als Tag der Buße und Vergebung gedacht.

Versuchen Sie, es sich bildlich vorzustellen. Stellen Sie sich vor, wie Tausende von Anbetern zusammenkommen, um zu Beginn des Jahres ihre Sünden sühnen zu lassen und an Gottes Barmherzigkeit erinnert zu werden. An diesem Tag brachte der Hohepriester, stellvertretend für das ganze Volk, zwei Böcke. Ein Ziegenbock wurde geschlachtet – geopfert als Sündopfer, um Sühne zu leisten. Es wurde Blut vergossen, und das Tier starb. Römerbrief 6,23 sagt uns, dass „der Lohn der Sünde der Tod ist", und Hebräerbrief 9,22 erinnert uns daran, dass es „ohne Blutvergießen keine Vergebung der Sünden gibt".

Der erste Ziegenbock starb nach dem Gesetz. Der zweite Ziegenbock wurde jedoch am Leben gelassen und als Sündenbock bezeichnet. Der Hohepriester legte seine Hände auf den Kopf des Sündenbocks und bekannte über ihm alle Ungerechtigkeiten und Sünden der Israeliten. Symbolisch wurden diese Sünden übertragen und auf den Kopf des Ziegenbocks gelegt. Dann wurde er in die Wüste getrieben, an einen einsamen Ort, wo die Sünden des Volkes weit weg und außer Sichtweite gebracht werden konnten.[3]

Dieses Ritual wurde Jahr für Jahr, Jahrzehnt für Jahrzehnt fortgesetzt (siehe Hebräerbrief 10,3–4). Es floss Blut. Tausende von Tieren wurden in einem endlosen Kreislauf der Sühne geopfert, um Vergebung für die Sünden des Volkes zu erwirken. Das ist der Rahmen, in dem Jesus gelebt und gewirkt hat. Bevor wir uns damit befassen, wie der Tod Jesu am Kreuz alle Sünden sühnt und damit die rettende Gnade möglich macht, wollen wir uns zunächst zwei grundlegende Fragen stellen: Was ist Sünde? Warum brauchen wir Sühne für die Sünde?

WAS IST SÜNDE?

Erstens: Sünde ist Rebellion. Die vielleicht bekannteste Definition von Sünde stammt von John Wesley: „eine willentliche Übertretung eines bekannten Gebotes Gottes".[4] Sünde ist etwas, das bewusst und absichtlich geschieht – etwas, von dem wir wissen, dass es falsch ist, aber wir tun es trotzdem, weil wir es können. Es ist vorsätzlicher Ungehorsam.

Wenn es in 1. Johannesbrief 3,4 heißt, „Wer sündigt, missachtet das Gesetz Gottes, denn Sünde bedeutet immer Auflehnung gegen Gottes Gesetz", geht es dabei nicht nur um die juristische Bedeutung im Sinne von „du hast das Gesetz gebrochen". Es hat etwas mit der Einstellung zu tun, die hinter der Gesetzesübertretung steht. Eine Analogie kann uns helfen, dies zu verstehen. Ein Autofahrer kann zu schnell fahren, ohne zu wissen, wie hoch die Höchstgeschwindigkeit ist. Dabei verstößt er zwar technisch gesehen immer noch gegen das Gesetz, aber er lehnt sich nicht gegen das Gesetz auf. Da besteht ein gewaltiger Unterschied zu einer Person, die sagt: „Ich pfeife auf diese blöden Geschwindigkeitsbegrenzungen. Sie sind nur dazu da, mich einzuschränken. Ich mache, was ich will, weil ich mein Leben selbst in der Hand habe". Auflehnung gegen das Gesetz ist die Haltung der Rebellion hinter dem Gesetzesbruch – ein rebellischer Geist.

Als meine jüngste Tochter klein war, hasste sie es, sich ihren älteren Geschwistern unterordnen zu müssen, wenn Mama und Papa nicht da waren. Wenn meine Frau und ich sie allein ließen, erhob unsere Jüngste trotzig ihre dünne, piepsige Stimme und sagte zu ihren Geschwistern: „Ihr seid nicht mein Boss!" Obwohl es mit der Unschuld eines kleinen Kindes gesagt wurde, ist es die Grundhaltung der Sünde: Selbstsouveränität. Sünde als Rebellion bedeutet, dass wir vor dem Angesicht des allmächtigen Gottes unsere kleinen Fäustchen schütteln und schreien: „Du bist nicht mein Boss! Ich mache es auf meine Art, weil ich es kann! Niemand außer mir, nicht einmal Gott, hat in meinem Leben das Sagen".

Es ist die Weigerung, unsere Rolle als Geschöpfe gegenüber unserem Schöpfer zu akzeptieren. Es ist eine Unabhängigkeitserklärung, mit der wir uns zu unserem eigenen Gott erklären. Diese Haltung der Selbstsouveränität ist für die Verfasser der Heiligen Schrift nicht überraschend. „Wir alle gingen in die Irre wie Schafe. Jeder ging seinen eigenen Weg. Doch ihn ließ der Herr die Schuld von uns allen treffen." (Jesaja 53,6) Sünde ist Rebellion.

Zweitens: Sünde ist auch Versklavung. Es geht um mehr als Selbstsouveränität und die Entscheidung, unser eigenes Ding zu machen und unseren eigenen Weg zu gehen. *Hamartia* ist ein griechisches Wort, das mit Sünde übersetzt wird und von dem Verb *hamartano* abgeleitet ist, was so viel bedeutet wie „das Ziel verfehlen" oder „auf ein Ziel schießen und es nicht treffen".[5] Obwohl der Begriff zuerst von Aristoteles verwendet wurde und sich insbesondere auf den tragischen Makel einer Hauptfigur aus der Welt des antiken griechischen Theaters bezog (z. B. schlechtes Urteilsvermögen, Unwissenheit, mangelnde Achtsamkeit usw.) und auch als Tragödie bekannt ist, griffen die frühen kirchlichen Autoren und Denker das Wort auf, um diesen Aspekt der Sünde zu beschreiben. Biblisch gesehen kann *hamartia* also eine Tatsünde bedeuten: „Ich wusste, dass ich es nicht tun sollte, aber ich tat es trotzdem" (siehe Römerbrief 6,1–2); oder es kann eine Unterlassungssünde bedeuten: „Ich wusste, was ich hätte tun sollen, aber ich habe es nicht getan." (Römerbrief 7,19; Jakobusbrief 4,17) Sowohl die Tatsünden als auch die Unterlassungssünden verfehlen das Ziel.

In der Geschäftswelt könnte sich das folgendermaßen abspielen. Einerseits möchte ich, dass Gott mein Unternehmen segnet, aber ich möchte auch sicherstellen, dass mein Unternehmen erfolgreich ist. Deshalb fange ich an, heimlich Dinge zu tun, um voranzukommen, obwohl ich weiß, dass sie weder ethisch noch legal sind. Meine Hoffnungen stehen im Widerspruch zu meinem Handeln und sind mit diesem nicht vereinbar. Ich kann Gott nicht bitten, meine Arbeit zu segnen, wenn ich weiß, dass ich außerhalb des moralischen Willens Gottes stehe. Das ist eine Tatsünde. Das mag mich für eine gewisse Zeit voranbringen, aber es wird nicht unter dem Segen Gottes stehen. Die Kehrseite der Medaille ist, dass ich möchte, dass Gott meine Arbeit mit Erfolg segnet, aber beschließe, meinen Angestellten faire Leistungen vorzuenthalten, um meinen Gewinn zu steigern. Das ist eine Unterlassungssünde. Doch ob die Sünde nun darin besteht, dass ich weiß, was ich nicht tun sollte, und es trotzdem tue, oder darin, dass ich weiß, was ich tun sollte, und es nicht tue – in Gottes Augen ist beides dasselbe.

Hamartia kann auch eine viel tiefere Bedeutung haben. Sünde ist mehr als eine Handlung, die wir begehen. Sünde ist unsere Natur – ein Zustand, in dem wir uns befinden.[6] Wir sind in Sünde verstrickt. Nicht nur sind wir von Natur aus Rebellen, wir haben auch nicht die Freiheit, anders zu sein. Wir verfehlen nicht nur das Ziel, sondern wir könnten es auch nicht treffen, selbst wenn wir es versuchten. Als gefallene Menschen sind wir nicht frei zu tun, was wir wollen. Wir sind in der Sünde gefangen.

Oft denken wir, unsere Rebellion bedeutet, dass niemand außer uns in unserem Leben das Sagen hat, uns entgeht dabei jedoch, dass wir diese Entscheidung gar nicht treffen können. Wir werden immer jemandem oder etwas dienen. Entweder wir dienen Gott von ganzem Herzen, oder wir werden von unseren Leidenschaften und sündigen Verhaltensweisen versklavt. Jemand von beiden wird unser Meister sein.

Seien wir ehrlich: Sünde kann Spaß machen. Wenn sie keinen Spaß machen würde, wäre sie nicht verlockend. Wenn sie nicht angenehm wäre, hätte sie nichts Verführerisches. Vielleicht sollten wir aufhören, den Menschen zu erzählen, wie sehr sie die Sünde hassen werden und wie langweilig sie eigentlich ist. Das ist kein überzeugendes Argument. Sünde kann Spaß machen – eine Zeit lang. Der Weg, auf den die Sünde immer führt, ist jedoch letztendlich zerstörerisch. Die Folgen (der Lohn) der Sünde sind das, was schmerzt. Die Sünde ist ein Teufelskreis.

Party machen kann lustig sein. Die möglichen Konsequenzen jedoch nicht. Trunkenheit ist nicht lustig. Kater sind nicht lustig. Alkoholabhängigkeit ist nicht lustig. Süchte sind nicht lustig. Entgiftungszentren sind nicht lustig. Verkehrsunfälle sind nicht lustig. Misshandlung des Ehepartners ist nicht lustig. Kaputte Familien sind nicht lustig. Sünde ist ein Teufelskreis, der zu schmerzhafter Zerstörung führt.

Sex außerhalb der Ehe kann Spaß machen. Die Konsequenzen jedoch nicht. Ein schlechtes Gewissen macht keinen Spaß. Geschlechtskrankheiten machen keinen Spaß. Ehescheidung macht keinen Spaß. Jemandem das Herz zu brechen, macht keinen Spaß. Seinen Kindern in die Augen zu schauen und ihnen zu sagen, warum man ihre Mutter oder ihren Vater verlässt, macht keinen Spaß. Sünde ist ein Teufelskreis, der zu schmerzhafter Zerstörung führt.

Die bemerkenswerte Geschichte, die Jesus vom verlorenen Sohn erzählt, ist ein Paradebeispiel für den Kreislauf der Sünde (siehe Lukas 15,11–24). Ein rebellischer Sohn beschließt, dass er sein Leben selbst in die Hand nehmen will. Er sagt seinem Vater, dass er sein Erbe ausgezahlt haben will (was im ersten Jahrhundert dem Wunsch nach dem Tod seines Vaters gleichkam), nimmt das gesamte Geld und gibt es für ein verschwenderisches und wildes Leben aus. Er liebt den Lebensstil – eine Zeit lang. Dann verschwindet sein Geld, und seine Freunde auch. Der Sohn findet sich an einem Ort wieder, den er sich nie erträumt hätte: gebrochen, gedemütigt und in einem Schweinestall lebend. Sünde ist ein Teufelskreis, der zu schmerzhafter Zerstörung führt.

Vielleicht ist es das, was Jesus meinte, als er sagte: „Ihr könnt das Reich Gottes nur durch das enge Tor betreten. Die Straße zur Hölle ist breit und ihre Tür steht für die vielen weit offen, die sich für den bequemen Weg entscheiden." (Matthäus 7,13)

Hier liegt der große Kampf unserer sündigen Natur: Solange sich unsere Natur nicht ändert, werden wir die Sünde mehr lieben als Gott, denn wir sind der Sünde versklavt und ihrer Macht unterworfen.[7] Keine noch so große Menge guter Vorsätze oder harter Arbeit, kein humanistischer Moralismus wird uns vollständig befreien. Sünde ist Versklavung.

Schließlich ist die Sünde Entfremdung. „Entfremdung" ist kein Wort, das wir oft benutzen, aber wenn wir es tun, dann um auszudrücken, dass in einer Beziehung etwas schiefgelaufen ist. Sünde bedeutet nicht nur, gegen eine Regel oder ein Gesetz zu verstoßen, sondern auch, eine Beziehung zu beschädigen. Die Sünde trennt die Menschen von Gott und voneinander. Beim ersten aufgezeichneten Akt der Sünde waren unsere geistlichen Vorfahren Adam und Eva Gott ungehorsam. Nach der Tat wussten sie sofort, dass es zu einem Bruch in ihrer Beziehung zu Gott und zueinander gekommen war. Ihre Augen wurden geöffnet, und sie erkannten, dass sie nackt waren. Das bedeutet mehr als die Erkenntnis, dass sie keine Kleider trugen. Sie schämten sich und fühlten sich verletzlich; sie fühlten sich schwach und entfremdet; sie fühlten sich entblößt. Bis dahin hatten sie nur die liebevolle Gemeinschaft mit Gott gekannt, doch im Moment ihrer Sünde fühlten sie sich von Gott getrennt. Sie spürten die Entfremdung. Ihre Gemeinschaft war zerbrochen, und das drückte auf ihre Seelen. Sie spürten das ganze Gewicht ihrer Sünde. Zu ihrer Selbstverteidigung taten sie etwas sehr Bezeichnendes: Sie versuchten, ihre Blöße zu bedecken und sich vor Gott zu verstecken. Haben

Sie jemals versucht, Ihre Schuld zu vertuschen oder Ihre Sünde vor Gott zu verbergen?

Gott wusste, dass die Gemeinschaft zerbrochen war, und in einem der zärtlichsten Berichte der ganzen Heiligen Schrift rief Gott nach ihnen: „Wo seid ihr?" (Genesis 3,9). Wusste Gott wirklich nicht, wo sie waren? Konnten sie sich so gut hinter den Bäumen verstecken, dass Gott sie nicht finden konnte? Haben Sie schon einmal mit einem Dreijährigen Verstecken gespielt? Natürlich wusste Gott, wo sie waren! Dennoch wollte er sie wissen lassen, dass auch er die Trennung spürte.

Der Mann antwortete: „Als ich deine Schritte im Garten hörte, habe ich mich versteckt. Ich hatte Angst, weil ich nackt bin." (3,10) Dies ist das erste Mal, dass Angst in der Bibel erwähnt wird. Sehen Sie, was die Sünde anrichtet? Sünde bringt Angst, Schuld und Scham mit sich. Sünde bringt Entfremdung, Verurteilung und Trennung. Die Sünde macht aus Freunden Feinde. Die Sünde verwandelt intime Nähe in Feindschaft. Sünde zerbricht die Gemeinschaft.

Das ist unser Dilemma. Sünde ist Rebellion. Sünde ist Versklavung. Sünde ist Entfremdung. Wie können wir das jemals wieder in Ordnung bringen? Was sollen wir mit all dieser Sünde tun?

Gestatten Sie mir, Sie noch einmal an die beste Nachricht zu erinnern, die wir je hören werden: „Ich habe euch das weitergegeben, was am wichtigsten ist und was auch mir selbst überliefert wurde – dass Christus für unsere Sünden starb, genau wie es in der Schrift steht. Er wurde begraben und ist am dritten Tag von den Toten auferstanden, wie es in der Schrift steht." (1. Korintherbrief 15,3–4) Das ist die höchste, sich selbst verschenkende Liebe. „Gott dagegen beweist uns seine große Liebe dadurch, dass er Christus sandte, damit dieser für uns sterben sollte, als wir noch Sünder waren" (Römerbrief 5,8). Während wir noch sündigten, starb Christus trotzdem. „Denn Gott machte Christus, der nie gesündigt hat, zum Opfer für unsere Sünden, damit wir durch ihn vor Gott gerechtfertigt werden können." (2. Korintherbrief 5,21) Das ist rettende Gnade.

Dem Reformator Martin Luther wird zugeschrieben, dass er dies „den großen Tausch" nannte. Unser Tod für sein Leben; unsere Sünde für seine Gerechtigkeit; unsere Verurteilung für seine Errettung; unser Versagen für seinen Erfolg; unsere Niederlage für seinen Sieg. Die Sühne ist der Akt des dreieinigen Gottes, der alle Barrieren niederreißt, die unsere Rebellion und Sünde zwischen uns errichtet haben. „Und das ist die wahre Liebe: Nicht wir haben Gott geliebt, sondern er hat uns zuerst geliebt und hat seinen Sohn gesandt, damit er uns von unserer Schuld befreit." (1. Johannesbrief 4,10)

Was bedeutet das? Die Sühne war von Anfang an im Herzen Gottes. Alle Lämmer, alle Priester und alle Opfer im Tempel waren Hinweise auf Jesus und führten uns zu ihm, der unser großer Hohepriester geworden ist und der sein eigenes Blut zur Vergebung unserer Sünden vergossen hat.

N. T. Wright drückt es treffend aus: „Im gesamten Neuen Testament wird dieser Tod daher als ein Akt der Liebe gesehen, sowohl der Liebe Jesu selbst (Galaterbrief 2,20) als auch der Liebe des Gottes, der ihn gesandt hat und dessen leibliche Selbstoffenbarung er war (Johannes 3,16; 13,1; Römerbrief 5,6–11; 8,31–39; 1. Johannesbrief 4,9–10)."[8] Gott, der Vater, hat Christus, den

Sohn, durch die Kraft des Heiligen Geistes gesandt, um etwas für uns zu tun, das wir niemals für uns selbst hätten tun können.

Jesus nimmt unsere Sünden weg – vergangene, gegenwärtige und zukünftige. Gott erinnert sich nicht mehr an sie. „So fern der Osten vom Westen ist, hat er unsere Verfehlungen von uns entfernt." (Psalm 103,12) Der Tod Jesu am Kreuz hat die Macht der Sünde in unserem Leben gebrochen. Einst waren wir Sklaven unserer Sünde, in Knechtschaft und „beherrscht vom Satan, der im Machtbereich der Luft regiert" (Epheserbrief 2,2) und dem „Gott dieser Welt" (2. Korintherbrief 4,4). Durch seinen Tod am Kreuz ist Jesus in einen tödlichen Kampf mit dämonischen Mächten eingetreten und hat sie ein für alle Mal besiegt.[9] Er hat die Macht des Todes, der Hölle und des Grabes gebrochen. Durch den Sieg Christi am Kreuz sind wir nicht mehr im Würgegriff der Sünde, sondern in der Umklammerung der Gnade und potenziell befreit (mehr dazu in Kapitel 4 über die heiligende Gnade).

Durch das Sühnewerk Jesu wurden wir mit Gott versöhnt. Unsere Entfremdung wurde aufgehoben. Die Distanz zwischen uns wurde überwunden. Die Kluft wurde überbrückt. Jesus ist unser Friede, der alle Mauern niedergerissen hat (Epheserbrief 2,14). Der Vorhang des Tempels ist in zwei Teile zerrissen (Matthäus 27,51). Unsere Schuld und Scham und die Angst vor Strafe wurden beseitigt. Unsere Freundschaft mit Gott ist wiederhergestellt. „Aber nun gehört ihr Christus Jesus. Ihr wart fern von Gott, doch nun seid ihr ihm nahe durch das Blut seines Sohnes." (Epheserbrief 2,13) Das ist rettende Gnade. Haben Sie eine Ahnung, wie sehr Gott Sie liebt? Der Vater hat unsere Sünde und Schuld durch den Sohn in sein eigenes Herz aufgenommen. Obwohl wir viele und schwere Sünden begangen haben, nicht zuletzt die der Abgötterei unseres Herzens, anderen Göttern nachzujagen, erlöst uns unser dreieiniger Gott, macht uns zu einer neuen Kreatur und nimmt uns in seine Familie auf. Deshalb ist Vergebung keine oberflächliche Angelegenheit! Wer sagt: „Natürlich wird Gott mir vergeben – das ist schließlich sein Job", hat nie den tiefen Schmerz begriffen, der mit dem Ertragen der Sünde eines anderen einher geht, der einem das Herz durchbohrt hat. Ein Kreuz war von Ewigkeit her im Herzen Gottes. Gott, der Vater, hat in seinem einzigen Sohn, Jesus Christus, durch den Geist einen Weg der Errettung bereitgestellt. Jesus hat sich voll und ganz auf den Plan des Vaters eingelassen. Er hat sein Leben freiwillig für uns hingegeben. Der Sündlose für die Sünder. Der Unschuldige für die Schuldigen. Das makellose Lamm Gottes kam, um das Leben zu leben, das wir hätten leben sollen, und den Tod zu sterben, den wir verdient haben.

Das Leben, der Tod und die Auferstehung Jesu machen alles neu. Es gibt nichts Wichtigeres als diese Wahrheit. Sie ist die Krux der Menschheitsgeschichte und das Fundament unseres Glaubens. Ohne Jesus gibt es keine Vergebung der Sünden, kein ewiges Leben und keine Beziehung zu einem guten, heiligen und liebenden Gott. Sie können sich selbst aus Reue für Ihre Sünden noch so hart bestrafen. Sie können Ihren Geist brechen bei dem Versuch, Frieden mit Gott zu finden, doch Sie werden nur dann volle Erlösung und dauerhaften Frieden erfahren, wenn Sie erkennen, dass Ihre einzige Hoffnung Jesus ist.

Wir empfangen das Geschenk der rettenden Gnade, indem wir Gott glauben. Wir werfen uns auf die Barmherzigkeit Gottes und setzen unseren Glauben allein auf Christus. Wir vertrauen auf seinen am Kreuz errungenen Sieg; wir vertrauen darauf, dass die Schuld unserer Sünde getilgt ist; wir vertrauen darauf, dass der Todesgriff der Sünde gebrochen ist; unser Gewissen ist gereinigt; wir finden Versöhnung mit Gott.

Es gibt zwei Möglichkeiten, das Sühnewerk zu betrachten. Man könnte sagen: „Wenn Gott Liebe ist, warum brauchen wir dann Sühne?" Andererseits könnten wir sagen: „Gott hat unsere Sünden gesühnt – welch eine Liebe!"

WIE RETTENDE GNADE WIRKT

Paulus zufolge ist ein Christ jemand, der eine tiefgreifende Veränderung durchgemacht hat. Epheserbrief 2,1–10 beschreibt die dramatische Transformation – von der Gebundenheit an die Sünde zur Freiheit in Christus –, die sich ereignet, wenn jemand an Christus glaubt und dadurch gerettet wird. Es ist jemand, der vom Tod zum Leben, von der Sklaverei zur Freiheit, von der Verurteilung zur Annahme, von der Entfremdung zur Adoption gelangt ist. In den Versen 8 bis 10 sagt uns Paulus, wie wir von dort nach hier gelangen – wie wir eigentlich Christen werden. Es ist ein organischer Prozess, der aus drei Teilen besteht: Wir werden aus Gnade gerettet, die zum Glauben führt, der gute Werke hervorbringt. Das ist die Gleichung, und die Reihenfolge ist entscheidend. Wenn wir die Reihenfolge durcheinanderbringen, verstehen wir alles falsch.

Wir sind gerettet durch Gnade. Wir haben uns in Kapitel 1 ausführlich mit der Bedeutung der Gnade befasst. Es ist gut, daran erinnert zu werden, dass die Gnade immer den Anfang bildet. Die Gnade kommt immer zuerst. Die Gnade erweckt uns, verändert uns und bringt uns in die richtige Beziehung zu Gott und zueinander. Viele Menschen glauben, dass ihre Taten sie zu Christen machen; sie meinen, sie müssten nur ein guter Mensch sein und die Lehren der Bibel befolgen, dann würde Gott sie segnen. Doch das ist nicht Gnade – das ist Moralismus. Es steckt kein Evangelium darin, unsere Hoffnung auf das zu setzen, was wir tun können. Unsere Errettung hat nichts damit zu tun, was wir tun. Sie hat alles damit zu tun, was Gott tut. Unser Erwachen, unsere Lebendigkeit – das alles ist das Werk Gottes. Wir werden nicht durch das gerettet, was wir für Gott tun, sondern durch das, was Gott für uns tut. Es ist ein totales Geschenk.

Ich hörte eine Geschichte über eine Studentin an einem Seminar, die sich auf ihre Abschlussprüfung vorbereitete. Als sie ins Klassenzimmer kam, nutzten alle die letzten Minuten zum Pauken. Der Professor kam in den Klassenraum und kündigte an, dass es vor der Prüfung eine kurze Stoffwiederholung geben würde. Ein Großteil der Stoffwiederholung stammte direkt aus dem Lehrbuch, aber es gab auch viel zusätzliches Material, auf das sich niemand vorbereitet hatte. Das war eine unangenehme Überraschung für die Klasse. Als jemand den Professor auf das zusätzliche Material ansprach, erklärte dieser, dass alles davon in ihrer Zusatzlektüre enthalten sei und dass sie den ganzen Stoff beherrschen müssten. Gegen diese Logik war kaum etwas einzuwenden.

Schließlich war es an der Zeit, den Test zu schreiben. Der Professor sagte: „Lasst die Klausur mit der Vorderseite nach unten auf eurem Tisch liegen, bis jeder ein Exemplar erhalten hat. Ich werde Ihnen sagen, wann Sie anfangen sollen." Als die Studenten sie umdrehten, war zu ihrem großen Erstaunen jede Antwort in der Prüfung bereits ausgefüllt. Sogar ihre Namen waren oben mit roter Tinte geschrieben. Unten auf der letzten Seite stand: „Dies ist das Ende der Prüfung. Alle Antworten im Test sind richtig. Sie bekommen eine Eins. Der Grund, warum Sie den Test bestanden haben, ist, dass der Ersteller des Tests ihn für Sie geschrieben hat. All die Arbeit, die Sie in der Vorbereitung geleistet haben, hat Ihnen nicht geholfen, eine Eins zu bekommen. Sie haben gerade Gnade erfahren".

Tim Keller erzählt von einem Gespräch mit einer älteren Frau, die gelegentlich seine Kirche besuchte. Sie war sehr auf Anstand und Sittsamkeit bedacht – manche würden sie sogar als moralisch hochstehend bezeichnen. Sie rümpfte die Nase bei der kleinsten Unanständigkeit oder Indiskretion, glaubte jedoch nicht, dass man vor irgendetwas gerettet werden muss, wenn man ein guter Mensch ist. Im Laufe des Gesprächs mit Keller sagte sie ungläubig: „Also, lassen Sie mich mal Klartext reden. Sie wollen mir sagen, dass ich, wenn ich ein wirklich gutes und anständiges Leben führe und sogar in die Kirche gehe, aber niemals Christus als meinen Erlöser annehme, nicht besser dran wäre als jemand, der einen Mord begangen hat? Habe ich Sie richtig verstanden?"

Keller antwortete: „Im Grunde genommen, ja".

Sie erwiderte: „Das ist die dümmste Religion, von der ich je gehört habe!"

Darauf antwortete Keller: „Vielleicht ist es in Ihren Augen die dümmste Religion, von der Sie je gehört haben, aber für den Mörder, der Reue zeigt, ist es das Beste, was er je gehört hat. Dieser ehemalige Mörder kann nicht glauben, dass es eine Religion gibt, die jemandem wie ihm Hoffnung gibt".

Diese Geschichte ist zwar etwas extrem, aber sie macht einen wichtigen Punkt deutlich. Die sittsame und moralische Frau, die sich absolut sicher ist, dass sie besser ist als die meisten Menschen, und die das Wesen des Evangeliums für beleidigend, wenn nicht gar dumm hält, ist selbst vom „Fleisch" beherrscht.[10] Sie versucht, anständig und rechtschaffen zu sein, aber sie versucht es, ohne dabei auf Christus als ihren Erlöser zu vertrauen. Das ist die drohende Falle der Selbstgerechtigkeit. Dietrich Bonhoeffer hat diese große Gefahr erkannt und beschreibt meisterhaft die Haltung eines von der Gnade ergriffenen Christen: „Christ ist der Mensch, der sein Heil, seine Rettung, seine Gerechtigkeit nicht mehr bei sich selbst sucht, sondern bei Jesus Christus allein. Er weiß, Gottes Wort in Jesus Christus spricht ihn schuldig, auch wenn er nichts von eigener Schuld spürt, und Gottes Wort in Jesus Christus spricht ihn frei und gerecht, auch wenn er nichts von eigener Gerechtigkeit fühlt."[11]

Wir haben das Evangelium erst dann verstanden, wenn wir begreifen, dass Gottes Annahme von uns nicht auf dem beruht, was wir getan haben oder jemals tun werden. Sie beruht einzig und allein auf dem Wesen und dem Charakter Gottes, der Jesus in die Welt gesandt hat, damit er für die Sünden der Welt stirbt und zu unserer Erlösung auferweckt wird.

Wir sind gerettet durch Gnade. Dann, sagt Paulus, führt die Gnade zum Glauben. Was ist Glaube? Der Glaube ist im Wesentlichen ein Bewusstsein für und eine Antwort auf denjenigen, der uns erweckt hat.[12] Es ist wichtig, Folgendes zu verstehen: Der Glaube, der uns rettet, ist der Glaube an Christus. Der christliche Glaube ist kein allgemeiner Glaube an irgendwelche Prinzipien. Es ist der Glaube, dass auf dem Planeten Erde wirklich ein Baby geboren wurde, das der menschgewordene Gott

war, der wirklich am Kreuz starb und wirklich von den Toten
auferweckt wurde. Paulus war in diesem Punkt unnachgiebig:
„Wenn Christus nicht auferstanden ist, dann war unser Predigen wertlos, und auch euer Vertrauen auf Gott ist vergeblich.
Wenn aber Christus nicht auferweckt worden ist, dann ist euer Glaube nutzlos und ihr seid immer noch in euren Sünden."
(1. Korintherbrief 15,14.17) Wenn Jesus nicht wirklich für unsere
Sünden gestorben und nicht wirklich von den Toten auferstanden ist, ist unser Glaube nichts weiter als Wunschdenken oder
moralistischer, therapeutischer Deismus.[13] Der Glaube an Allgemeinplätze ist sinnlos.

Wenn Paulus heute leben würde, würde er es möglicherweise
so sagen: Wenn Jesus nicht der ist, für den er sich ausgegeben
hat, wenn er nicht der menschgewordene Sohn Gottes ist, wenn
er nicht wirklich am Kreuz für unsere Errettung gestorben ist,
wenn er nicht körperlich von den Toten auferstanden ist, wenn
er nicht wirklich in den Himmel aufgefahren ist und zur Rechten Gottes, des Vaters, sitzt, dann sollten wir aufhören, Kirche zu
spielen. Keines der Prinzipien ist für sich genommen sinnvoll.
Glaube an den Glauben? Glaube an Allgemeinplätze? Nein.
Denn der Glaube an die Wahrheit und der Glaube an die Liebe
und der Glaube an die Gerechtigkeit werden uns nicht verändern oder uns neues Leben geben. Es ist der Glaube an Jesus.
Wir werden nicht durch unsere Werke, unsere Güte oder unsere Prinzipien gerettet. Wir werden durch Christus, allein durch
Christus gerettet. Der Glaube an ihn ist das Entscheidende, denn
er ist unsere einzige Hoffnung.

Dann bringt der Glaube gute Werke hervor. Gute Werke retten
uns nicht – nicht einmal annähernd. Dennoch fließen die guten
Werke aus unserem Glauben heraus. Es ist unmöglich zu sagen,

dass wir die Gnade Gottes empfangen haben und dass wir einen echten biblischen Glauben haben, wenn sich unser Leben nicht verändert hat. Die Bibel ist in diesem Punkt praktisch. Wir werden aus Gnade gerettet, aber wenn sich nicht tatsächlich etwas in unserem konkreten Charakter und unserem bisherigen Verhalten tut, dann ist es kein echter Glaube. Denn so wie die Gnade zum Glauben führt, führt der Glaube zu guten Werken. „Denn wir sind Gottes Schöpfung. Er hat uns in Christus Jesus neu geschaffen, damit wir die guten Taten ausführen, die er für unser Leben vorbereitet hat." (Epheserbrief 2,10)

Christen sind das Werk Gottes. *Poiema* ist das griechische Wort für „Gottes Schöpfung" oder „Handarbeit". Dieses Wort ist die Wurzel des deutschen Wortes „Poem". Christen sind Gottes einzigartige *Poeme* – Gottes Kunstwerke. Kunst ist schön, Kunst ist wertvoll, und Kunst ist ein Ausdruck des inneren Wesens des Künstlers. Was bedeutet es für Paulus, wenn er sagt, dass Christen Gottes Kunstwerke sind? In Christus werden wir als schön angesehen und als wertvoll erachtet, geschaffen, um ein Ausdruck unseres Schöpfers, des göttlichen Künstlers, zu sein.

Dennoch sind wir ein Kunstwerk, das durch die Sünde beschädigt und entstellt wurde. Haben Sie schon einmal ein beschädigtes Meisterwerk gesehen – ein entstelltes Magnum Opus eines Meisters? In gewisser Weise macht die ursprüngliche Schönheit des Meisterwerks seine Entstellung zu einer weitaus größeren Tragödie. Wenn ein Kind die Küchenschränke mit einem Buntstift bemalt, ist das kein schöner Anblick. Viel schlimmer ist es jedoch, wenn ein Vandale die *Mona Lisa* von Leonardo da Vinci mit Graffiti besprüht. Die Größe und Seltenheit dessen, was verunstaltet wurde, bestimmt den Grad der Tragödie und das Ausmaß des Entsetzens in unserer Reaktion.

Vor einigen Jahren hatte ich die Gelegenheit, Rom zu besuchen. Ich wollte unbedingt die *Pietà* im Petersdom sehen. Da ich wusste, dass sie von Michelangelo aus einem einzigen Marmorblock gehauen wurde (das einzige bekannte Stück, das von Michelangelo persönlich signiert wurde), wollte ich das Werk aus nächster Nähe anschauen. Zu meiner Enttäuschung musste ich feststellen, dass sie sich weit von der Öffentlichkeit entfernt, hinter Seilen befand und durch eine kugelsichere Scheibe geschützt war. Warum diese Vorsichtsmaßnahmen? Weil am Pfingstsonntag des Jahres 1972 ein sychisch kranker Geologe, der sich für Jesus hielt, auf die Skulptur mit einem Hammer einschlug. Schaulustige schnappten sich viele der umherfliegenden Marmorstücke. Einige wurden zurückgegeben, andere nicht, darunter Marias Nase, die später aus einem Marmorstück rekonstruiert wurde, das aus ihrem Rücken geschnitten wurde. Die Italiener und der Rest der Kunstwelt waren am Boden zerstört. Wie könnte sie jemals in ihrer ursprünglichen Schönheit wiederhergestellt werden? Sie suchten auf der ganzen Welt nach Meister-Restaurateuren. Nachdem viel Zeit, handwerkliches Können, Wissen, Arbeit und Fleiß investiert worden war, konnte das Restaurierungsprojekt abgeschlossen werden.[14] Nur wenige konnten erkennen, dass es jemals beschädigt worden war.

Das ist es, was Gott für jeden tut, den er aus Gnade rettet. Wir sind sein Meisterwerk, sein geliebtes Opus Magnum, und er wird nicht zulassen, dass der Schaden der Sünde das letzte Wort hat. Um unseren Wert zu beweisen, gestaltet Gott uns nicht nur nach dem Bild Jesu Christi um, sondern er gibt uns auch eine Aufgabe in seiner Welt. Wir tun diese Arbeit, weil Gott uns überarbeitet hat. Wenn wir dies tief in unserem Innersten begreifen, wenn wir es wirklich verstehen, können wir nie wieder sagen, dass unsere guten Werke uns retten. Moralismus kann nie wieder unsere beste Antwort sein. Unsere guten Werke sind das Nebenprodukt dessen, was Gott in uns getan hat. Sie spiegeln die Herrlichkeit Gottes wider, nicht unsere eigene.

Ich schätze die Einsichten, die Eugene Peterson in seiner Paraphrase von Paulus' Gleichung der Gnade vermittelt:

> Jetzt hat Gott uns da, wo er uns haben will, und er hat alle Zeit dieser und der nächsten Welt, um uns mit Gnade und Güte in Christus Jesus zu überschütten. Die Rettung ist allein seine Idee und sein Werk. Alles, was wir tun, ist, ihm so weit zu vertrauen, dass wir es ihn tun lassen. Sie ist von Anfang bis Ende ein Geschenk Gottes. Wir spielen nicht die Hauptrolle. Wenn wir das täten, würden wir wahrscheinlich damit prahlen, dass wir das ganze Ding gemacht haben! Nein, wir machen und retten uns nicht selbst. Gott macht beides: das Machen und das Retten. Er erschafft jeden von uns durch Christus Jesus, damit wir uns an seinem Werk beteiligen, an dem guten Werk, das er für uns vorbereitet hat und das wir besser tun sollten.[15]

Gott rettet uns in Christus vor Verurteilung, Gericht und Hölle.

Gott hat uns in Christus erlöst, und wir sind vollkommen versöhnt.

Gott rechtfertigt uns in Christus und stellt richtig, was falsch war.

Gott erneuert uns in Christus, und wir werden neu geboren.

Gott nimmt uns in Christus in seine Familie auf.

Wir werden nicht gerettet, weil wir an eine Lehre glauben. Wir werden nicht durch unseren richtigen Glauben gerettet. Wir werden gerettet, weil etwas – oder besser gesagt, jemand – von außen in uns hineingekommen ist. Wir werden so vollkommen neu gemacht, dass die Verfasser des Evangeliums den Vergleich mit einer Neugeburt wählen, um diesen Vorgang zu beschreiben. Die hebräischen Autoren beschrieben es als die Erfahrung, aus einer Grube befreit zu werden. Wir waren versklavt, aber jetzt sind wir frei. Wir sind nicht länger Sklaven der Angst. Wir wurden zu einem Kind Gottes. Vorher gehörten wir nicht zur Familie Gottes, jetzt sind wir vollwertige Mitglieder der Familie Gottes. Wir sind vor dem Vater gerechtfertigt, das heißt, alles wurde in Ordnung gebracht.

Vergessen wir nie, dass das Heil von außen kommt, nicht aus uns selbst heraus. Wir sind nicht gerettet, weil wir gut sind; wir sind gerettet, weil Gott gut ist. Das ist es, was die Erlösung ausmacht. Gott tut etwas für uns, das wir selbst nicht tun könnten. Es ist die rettende Gnade.

Wir wenden uns nun der Frage zu, was durch das Geschenk der heiligenden Gnade aus dem Meisterwerk eines erneuerten Lebens in Christus werden kann.

Das Leben

....

Durch die **heiligende Gnade** befähigt uns der Heilige Geist, ein Leben zu führen, das ganz Gott geweiht ist.

Durch die **erhaltende Gnade** arbeitet der Heilige Geist mit uns zusammen, um ein treues und diszipliniertes Leben im Dienst Gottes zu ermöglichen.

Durch die **ausreichende Gnade** kommt Gottes Kraft in unserer Schwachheit zur Vollendung.

4. HEILIGENDE GNADE

Der Gott des Friedens heilige euch durch und durch.
Er schütze euern Geist, eure Seele und euern Kör-
per, damit sie unversehrt sind, wenn Jesus Christus,
unser Herr, wiederkommt. Gott, der euch berufen
hat, ist treu; er wird halten, was er versprochen hat.
– 1. Thessalonicherbrief 5,23–24

John Wesley zufolge sind die vier wichtigsten Lehren der Heiligen Schrift die Erbsünde, die Rechtfertigung durch den Glauben, die Wiedergeburt und die innere und äußere Heiligung.

Rechtfertigung war ein Hauptthema der Reformation, die Wesley fast zweihundert Jahre vorausging. Die Reformatoren, darunter Martin Luther, verkündeten, dass wir allein durch den Glauben vor Gott gerechtfertigt werden.[1] Wesley war ein vehementer Verfechter der Notwendigkeit der Rechtfertigung, indem er jedoch die Wiedergeburt zu seiner Liste der wichtigsten biblischen Lehren hinzufügte, brachte er den wesentlichen Gedanken zum Ausdruck, dass das Kreuz und die Auferstehung eine maßgebliche Lösung sowohl für die Schuld unserer Sünden als auch für das Kernproblem, das uns zur Sünde veranlasst, darstellen. Für Wesley ist die Wiedergeburt daher der Beginn des heiligen Lebens oder dessen, was wir „Heiligung" nennen.

Im letzten Kapitel haben wir über das Wesen der Sünde und ihre schädlichen Auswirkungen auf unsere Welt und unser Leben gesprochen, aber was ist der Ursprung der Sünde? Was ist die Quelle der Sünde in unseren Herzen?

Die Bibel sagt, dass die Sünde aus unserer angeborenen Natur stammt. „Unter diesen hatten auch wir einst alle unseren Verkehr in den Begierden unseres Fleisches, indem wir den Willen *des Fleisches* und der Gedanken taten und *von Natur* Kinder des Zorns waren wie auch die anderen." (Epheserbrief 2,3, Elberfelder Übers., Hervorhebungen hinzugefügt). Dieser Vers lenkt die Aufmerksamkeit auf zwei Schlüsselbegriffe, die weithin missverstanden werden und zum besseren Verständnis näher erklärt werden müssen.

MIT DIESER NATUR GEBOREN

In seinen neutestamentlichen Briefen lehrt Paulus ausdrücklich, dass der Mensch mit einer ungehorsamen und sündigen Natur geboren wird (Römerbrief 7,18.35; Epheserbrief 2,1–3; Kolosserbrief 3,5). Wir lernen nicht, zu sündigen. Niemand muss uns beibringen, wie man sündigt. An der Universität gibt es keinen Kurs mit dem Titel „Einführung ins Sündigen". Es liegt in unserer Natur, und wir sind gut darin. Diese Ansicht ist heute nicht gerade populär und sie war es auch nie.

Pelagius war ein irischer Mönch, der im vierten Jahrhundert geboren wurde und später das römische Bürgerrecht erwarb. Er lehrte, dass der Mensch keine sündige Natur besitzt, sondern dass Kinder sehr früh durch die schlechten Beispiele, denen sie ausgesetzt sind, lernen zu sündigen. Pelagius vertrat die Ansicht, dass wir mit einer neutralen Natur geboren werden und dass Kinder vor allem aufgrund ihrer Vorbilder entweder gut oder schlecht werden. Sünden sind also Pelagius zufolge bewusste Handlungen des Willens, und wenn wir uns anstrengen, können wir ein sehr gutes Leben ohne Sünde führen.

Pelagius lebte zur Zeit eines anderen bedeutenden Theologen, Augustinus von Hippo, der als einer der einflussreichsten christlichen Denker in der Geschichte der westlichen Kirche gilt. Der nordafrikanische Bischof schrieb ausführlich über die Existenz der Erbsünde, die wir von unseren ersten geistlichen Eltern geerbt haben, und ihre verheerenden Auswirkungen.

Augustinus wandte sich entschieden gegen Pelagius' Ansicht, da sie seiner Meinung nach sowohl der Heiligen Schrift als auch dem gesunden Menschenverstand widersprach, und er war maßgeblich daran beteiligt, Pelagius unter dem Vorwurf der Ketzerei aus der Kirche auszuschließen. Obwohl der Pelagianismus in der Kirche seit dem vierten Jahrhundert als Irrlehre gilt, ist er in der heutigen Kirche sehr verbreitet.

Auf einer Reise nach New York City besuchten meine Frau und ich die Broadway-Show *Wicked*, bei der es um die Geschichte von Elphaba geht, der Bösen Hexe des Westens, und um ihre Freundschaft mit Glinda, der Guten Hexe des Nordens. Die Geschichte handelt davon, wie jede der beiden Frauen darum kämpft, ihre Identität zu finden, aber schließlich entscheidet sich Elphaba für das Böse und Glinda für das Gute – und zwar aufgrund der Umstände ihres Lebens. Elphaba widerfährt Schlimmes, also wird sie böse; für Glinda läuft es gut im Leben, also wird sie gut. Es ist zwar nur ein fiktives Musical, aber unzählige moderne Menschen neigen dazu, so über die Sünde zu denken.

Jesus stimmt dem jedoch nicht zu: „Böse Worte aber kommen aus einem bösen Herzen und machen den Menschen, aus dessen Mund sie kommen, unrein. Aus dem Herzen kommen böse Gedanken wie zum Beispiel Mord, Ehebruch, Unzucht, Diebstahl, Lüge und Verleumdung." (Matthäus 15,18–19) Das Herz ist die Quelle der Verunreinigung; die Sünde kommt aus dem Herzen.

Sehen Sie sich ein kleines Kind an, kaum alt genug, um zu laufen. Warum handelt es so, wie es handelt? Warum ist es egoistisch? Warum bekommt es Wutanfälle, wenn es seinen Willen nicht durchsetzen kann? Ein Kind ist nicht aufgrund der Erziehung ein Sünder. Es hat noch nicht lange genug gelebt, als dass seine Vorbilder es in diesem Maße beeinflussen könnten. Ein Kind ist ein Sünder, weil die Sünde aus dem Herzen kommt – sie ist angeboren. Man muss ihm nicht beibringen, egoistisch zu sein – es ist in ihm angelegt. Die sichtbare Sünde ist ein Ausdruck dessen, was bereits im Inneren eines Menschen vorhanden ist. David bekannte dies: „Denn ich war ein Sünder – von dem Augenblick an, da meine Mutter mich empfing." (Psalm 51,7) Das ist die empirische Tatsache der Erbsünde.

Wie sieht das theologisch aus? Jeder Mensch wurde nach dem Ebenbild Gottes geschaffen, und Gott ist heilig und gut. So, wie er ursprünglich geschaffen war, spiegelte der Mensch die göttliche Natur wider, die Quelle der Heiligkeit und des Guten waren jedoch nicht wir selbst, sondern der ewige, dreieinige Gott. Wie William Greathouse und Ray Dunning erklären: „Nur Gott ist seinem Wesen nach heilig. Wir sind nur dann heilig, wenn wir in rechter Beziehung zu Gott stehen und von seinem heiligenden Geist erfüllt sind." Folglich bleibt – seit dem Eindringen der Sünde durch den Sündenfall und deren Folgen – unsere wesenhafte Natur als Ebenbild Gottes intakt, während das moralische Ebenbild Gottes zerstört wurde.[2] Greathouse und Dunning fahren fort: „Essenziell ist der Mensch gut, eine für Gott geschaffene Person. Existenziell ist der Mensch sündig, ein vom Leben Gottes entfremdeter und daher verdorbener Rebell."[3] Essenziell gut, existenziell rebellisch. Das ist die Erbsünde.

Wir haben eine Natur, mit der wir geboren werden. Es handelt sich nicht um ein „Ding" in uns, das entfernt werden muss, wie eine kranke Gallenblase. Es ist unsere Neigung zu Stolz und Selbstbezogenheit. Es ist unsere angeborene Neigung zu Gewalt, Ego, Selbstgenügsamkeit und Selbsterhaltung. Es ist Narzissmus der höchsten Stufe und in seiner offensichtlichsten Form – was bedeutet, dass die Sünde in unserem Herzen mehr ist als ein paar Fehltritte, die wir in unseren schlimmsten Momenten begehen; es ist die Missachtung des ersten Gebots (Exodus 20,2) und die Weigerung, Gott allein anzubeten. N. T. Wright erinnert uns daran, wie tief verstrickt wir wirklich sind:

> Die Diagnose der menschlichen Misere lautet also nicht einfach, dass die Menschen Gottes moralisches Gesetz gebrochen und den Schöpfer, dessen Ebenbild sie tragen, beleidigt haben – obwohl auch das wahr ist. Diese Gesetzesübertretung ist ein Symptom für eine viel ernstere Krankheit. Moral ist wichtig, aber sie ist nicht alles. Obwohl sie zu Verantwortung und Autorität in und über die Schöpfung berufen sind, haben die Menschen ihre

> Berufung auf den Kopf gestellt und ihre Anbe-
> tung und Loyalität auf Kräfte und Mächte in der
> Schöpfung selbst gerichtet. Der Name dafür ist
> Götzendienst. Das Ergebnis ist Versklavung und
> schließlich der Tod.[4]

Wir haben mehr als nur einen schlechten Ruf. Wir haben eine
gefallene Natur. Gottes Gnade ist notwendig, um den Zustand
der Erbsünde und die Taten der Sünde zu heilen und uns davon
zu befreien. Dazu brauchen wir sowohl Rechtfertigung als auch
Heiligung. Wir müssen als Person neu geformt werden, und
wir müssen eine radikale Erneuerung unseres Herzens erfahren.
Deshalb betonte Wesley gleichermaßen die innere und die äußere Heiligung. Uns müssen die Sünden vergeben werden, wir
müssen in Christus lebendig werden und unsere Herzen müssen
durch den Glauben gereinigt werden. Das Ergebnis ist die Wiederherstellung des vollen Ebenbildes Gottes, das wir verloren
haben.

WERKE DES FLEISCHES

Wie bereits erwähnt, wird in den Schriften des Neuen Testaments – insbesondere in denen, die dem Apostel Paulus zugeschrieben werden – ein Aspekt der katastrophalen Folgen der
Erbsünde häufig als „Werke des Fleisches" bezeichnet. Das Wort
„Fleisch" leitet sich von einem einzigen griechischen Wort ab,
sarx.[5] Das Fleisch – nicht zu verwechseln mit dem Körper –
wird in einem geistlichen Sinn verwendet und bezieht sich auf
die egozentrische Neigung, die nach Befriedigung strebt, auf die

übermäßige Selbstliebe des „Ich", das für sich selbst lebt, anstatt sich dem Willen und den Zielen Gottes völlig hinzugeben.[6] Martin Luther – und vor ihm Augustinus – beschrieben dies anschaulich als den Zustand des „in sich Gekrümmtseins" (*incurvatus in se*). Denken Sie mal etwas tiefer über das Bild nach, das Luther von der Verkrümmung in sich selbst malt: „Unsere Natur ist durch die Schuld der ersten Sünde so tief auf sich selbst hin verkrümmt, dass sie nicht nur die besten Gaben Gottes an sich reißt und genießt (was bei den Werkgerechten und Heuchlern klar erkennbar ist), ja auch Gott selbst dazu gebraucht, jene Gaben zu erlangen, sondern das auch nicht einmal merkt, dass sie gottwidrig, verkrümmt und verkehrt alles nur um ihrer selbst willen sucht."[7]

Wenn Paulus sagt: „Immer wieder nehme ich mir das Gute vor, aber es gelingt mir nicht, es zu verwirklichen" (Römerbrief 7,18), bezieht er sich auf die Ohnmacht seines Fleisches, Gott von ganzem Herzen zu lieben und zu gehorchen. Er ist, wie auch wir, versklavt von dem „Ich", das will, was wir wollen. Paulus führt in seinem Brief an die Galater weiter aus, dass das Fleisch gegen den Geist kämpft: „Denn das Fleisch begehrt gegen den Geist auf, der Geist aber gegen das Fleisch; denn diese sind einander entgegengesetzt, damit ihr nicht das tut, was ihr wollt." (Galaterbrief 5,17, Elberfelder Übers.) Anschließend gibt er anschauliche Beispiele für die Werke des Fleisches und die Handlungen und Haltungen, die dem Fleisch folgen, im Gegensatz zu den Früchten des Geistes (Verse 19–23). Und dann, als ob er es ein für alle Mal klarstellen wollte, fügt Paulus diese gewichtige Begründung hinzu: „Denn die Gesinnung des Fleisches ist Tod, die Gesinnung des Geistes aber Leben und Frieden." (Römerbrief 8,6, Elberfelder Übers.) Meine Umschreibung: Entweder wir töten die Untaten des Fleisches, oder sie töten uns. Das ist die ungezügelte Schwerkraft des Fleisches.

Das biblische Konzept des Fleisches wurde im Verlauf der Jahre oft missverstanden. Bedauerlicherweise denken einige, dass Fleisch und Geist Körper und Seele entsprechen und dass „Fleisch" sich auf die Haut unseres Körpers bezieht.[8] Infolgedessen sind einige zu der Annahme gelangt, dass, wenn das Fleisch die Quelle des Bösen und der Sünde ist, unser physischer Körper von Natur aus schlecht sein muss. Deshalb, so die Überlegung, sollten wir die körperlichen Aspekte unseres Lebens herunterspielen, unseren Körper zur Unterwerfung prügeln und keine körperlichen Freuden oder Befriedigungen zulassen.[9] Das mag zwar extrem erscheinen, aber es kommt in gewissem Maße immer dann zum Tragen, wenn eine Hierarchie der Sünden aufgestellt wird, etwa zwischen den Sünden des Körpers und den Sünden des Geistes, und wenn wir die Vorstellung vertreten, dass die einen mit Sicherheit schlimmer sind als die anderen (z. B. sexuelle Unmoral muss schlimmer sein als Klatsch oder Bitterkeit; Trunkenheit muss schlimmer sein als Stolz oder Rassismus). Folglich gilt eine körperliche Sünde – auch als „Todsünde" bezeichnet – nahezu als unverzeihlich, während geistliche Sünden mit der Begründung „Niemand ist vollkommen" abgetan werden. Die Sünde auf diese Weise zu trennen und zu klassifizieren, ist ein klares Missverständnis der biblischen Heiligung, ganz zu schweigen von der Tatsache, dass Paulus alle Sünden in einer Kategorie zusammenfasst (siehe z. B. Galaterbrief 5,16–21: Götzendienst und Streit werden beide als „Werke des Fleisches" bezeichnet).

Es ist klar, dass der menschliche Körper an sich nicht schlecht ist. Schließlich hat Gott den menschlichen Körper geschaffen und dann in Jesus einen menschlichen Körper angenommen. Wenn

Paulus sich auf den physischen Körper beziehen will, wählt er gewöhnlich das griechische Wort *soma*, nicht *sarx*, was er allein im Römerbrief dreizehnmal tut. Das Wort *soma* kann entweder den menschlichen physischen Körper oder die Gesamtheit einer Person bedeuten, wie in Römerbrief 12,1: „Euer ganzes Leben soll ein lebendiges und heiliges Opfer sein – ein Opfer, an dem Gott Freude hat", was ein klarer Aufruf zur Heiligung unserer ganzen Person ist, einschließlich unseres physischen Körpers.

Was ist also das Fleisch, und warum ist die heiligende Gnade notwendig? Das Fleisch ist die Neigung des ganzen Menschen (Körper, Geist und Seele), unser eigener Gott zu sein, anstatt sich der Herrschaft Jesu zu unterstellen. Es ist der sündige Aspekt unseres Selbst, das unser Leben unabhängig von Gott leben will – das unser eigener König und Retter sein will, anstatt sich auf Jesus zu verlassen. Vor der rettenden Gnade werden wir vollständig vom Fleisch statt vom Geist gesteuert. Wir haben eine sündige Natur – eine Herzenshaltung, die glaubt, dass wir uns selbst retten können, und die von der Gesinnung des Fleisches völlig verzehrt und beherrscht wird. Im Moment unserer Rechtfertigung (Vergebung der Sünden) und Erneuerung (Wiedergeburt) erhalten wir jedoch das Geschenk des Heiligen Geistes.[10] Vertreter der wesleyanischen Heiligungslehre bezeichnen dies auch als „anfängliche Heiligung", denn wir können nicht das erhalten, was heilig ist – den Geist Jesu – ohne selbst die Entdeckungsreise des heiligen Lebens zu beginnen.[11]

Hier beginnt der Krieg um die Souveränität. Wer wird der König meines Lebens sein? Bevor wir Christen wurden, gab es keinen Krieg, nicht einmal ein gelegentliches Scharmützel. Das Fleisch, das unserer Selbstsouveränität und unseren egoistischen Begierden verpflichtet war, beherrschte uns. Wenn der Geist in unser

Leben kommt, erhalten wir neue Wünsche, Beweggründe und die Gesinnung Christi (Römerbrief 12,2; 1. Korintherbrief 2,16; Philipperbrief 2,5). Diese beiden Kräfte, Fleisch und Geist, sind einander entgegengesetzt und kämpfen nun um die Vorherrschaft. Die Heiligung hat begonnen, muss aber jetzt wachsen und reifen.

Als Paulus an die Gemeinde in Korinth schrieb, konnte er „nicht so mit ihnen reden, wie er es mit Menschen, die im Glauben gewachsen sind, getan hätte." (1. Korintherbrief 3,1) Bedeutet das, dass sie keine Christen waren? Nein, sie waren wiedergeborene Christen. In der Tat beginnt er den Brief damit, dass er sie „die in Christus Jesus Geheiligten" nennt (1,2). Wiedergeburt, Rechtfertigung und Erlösung hatten stattgefunden. Ihre Entdeckungsreise der Gnade hatte begonnen. Ihr Problem war, dass der Kampf um ihr Fleisch immer noch in vollem Gange war. Ihr Neid, ihre Rivalität, ihr Stolz und ihre Zwietracht waren noch deutlich zu spüren. Sie waren Christen, aber immer noch „fleischlich" (3,1), was Paulus mit einem unreifen Glauben gleichsetzte. Sie waren Christen, aber noch „kleine Kinder im Glauben" (3,1). Sie mussten erst noch erwachsen werden. Das ist eine andere Art zu sagen, dass es in ihnen immer noch ein gewisses Maß an Widerstand gab, dass sie ihren Willen und ihren Verstand noch nicht vollständig Gott ausgeliefert hatten.[12]

Auch hier bietet John Wesley einen guten Einblick in den Kontext der Aussagen von Paulus. Auf die Frage, ob die Korinther ihren Glauben verloren hätten, betonte Wesley: „Nein, er [Paulus] sagt ganz klar, dass sie das nicht getan haben; denn dann wären sie keine ‚kleinen Kinder im Glauben'. Und gebraucht die Ausdrücke ‚fleischlich' und ‚Säuglinge in Christus' als wäre es ein und dieselbe Sache; das zeigt deutlich, dass jeder Gläubige (in gewissem Maße) ‚fleischlich' ist, während er nur ein ‚Säugling in Christus' ist."[13] Für Wesley steht „fleischlich" für einen unreifen Glauben, der in die Christusähnlichkeit und den Weg der Selbsthingabe am Kreuz hineinwachsen muss.[14] Das gilt für jeden Gläubigen. Es geht nicht um die Errettung, sondern um die Herrschaft. Die Geheiligten müssen mehr und mehr in Jesus-Ähnlichkeit hineinwachsen. Es ist keine Sache, die in ihnen sterben muss – sie müssen in einem realen und doch bildlichen Sinne dem gegenüber sterben, was ihr Leben zuvor beherrscht hat.[15] Religiöse Referenzen reichen nicht, moralische Standards ebenso wenig. Man muss seinem Vertrauen auf das Fleisch sterben.

In einem beeindruckenden Moment verletzlicher Offenheit bekennt Paulus: „Wenn irgendein anderer meint, auf Fleisch vertrauen ⟨zu können⟩ – ich noch mehr: Beschnitten am achten Tag, vom Geschlecht Israel, vom Stamm Benjamin, Hebräer von Hebräern; dem Gesetz nach ein Pharisäer; dem Eifer nach ein Verfolger der Gemeinde; der Gerechtigkeit nach, die im Gesetz ist, untadelig geworden." (Philipperbrief 3,4–6, Elberfelder Übers.) Er hatte alle religiösen Referenzen, um als rechtschaffen zu gelten, aber sein Vertrauen wäre auf dem Fleisch gegründet. Paulus fährt fort: „Früher hielt ich all diese Dinge für außerordentlich wichtig, aber jetzt betrachte ich sie als wertlos angesichts dessen, was Christus getan hat." (3,7) Er hielt die Regeln ein und befolgte das Gesetz, aber er lebte nach dem Fleisch, solange er glaubte und sich darauf verließ, dass seine eigene Gerechtigkeit ihn retten oder heilig machen würde. Es waren gute Dinge, die auf einen zentralen Platz in seinem Leben erhoben worden waren – deshalb musste er ihnen sterben, damit er Christus erkennen konnte. Indem er Christus immer besser und umfassender erkannte, tauschte Paulus außerdem seine hart erarbeiteten moralischen Anstrengungen gegen die rettende und heiligende Gerechtigkeit

Christi ein: „damit ich Christus habe und mit ihm eins werde. Ich verlasse mich nicht mehr auf mich selbst oder auf meine Fähigkeit, Gottes Gesetz zu befolgen, sondern ich vertraue auf Christus, der mich rettet. Denn nur durch den Glauben werden wir vor Gott gerecht gesprochen." (3,8–9)

Viele Menschen sind moralisch, ja sogar religiös, aber Überheblichkeit, Härte, Vorurteile, Schroffheit und Geisteskälte sind verräterische Zeichen dafür, dass das Fleisch bei ihnen die Religion als Strategie einsetzt, um eine Heiligung hervorbringende Abhängigkeit von Jesus Christus zu vermeiden. Ebenso wie ein gieriger Geschäftsmann, der die in Armut gefangenen Menschen für seinen Profit ausbeutet, steht auch der Pharisäer unter der Knechtschaft des Fleisches. In Gottes Augen sind sie gleich. Beides sind Menschen, die Strategien entwickelt haben, um ihren eigenen Weg im Leben zu gestalten, unabhängig von Gott.

Hier ist die schwierige Wahrheit: Auch Christen können weiterhin nach dem Fleisch leben. Vor der rettenden Gnade führt das Fleisch nicht Krieg gegen den Geist, denn wir sind tot in unseren Sünden. Doch selbst wenn der Geist Gottes in uns lebendig wird, können wir immer noch auf fleischliche Weise leben. Wir können immer noch gute Dinge nehmen und sie in den Status höchster Wichtigkeit erheben. Wir können immer noch in unserer eigenen Kraft und Macht leben, anstatt uns auf Gott zu verlassen. Deshalb brauchen wir die heiligende Gnade. Wir brauchen Gottes Gnade, um das Fleisch zu kreuzigen, das sich nur auf sich selbst verlassen will – um den fleischlichen Teil von uns zu töten, der unser Leben selbst in die Hand nehmen will, damit der Geist Jesu die vollständige Kontrolle übernehmen kann.[16]

Der bekannte schottische Lehrer und geistliche Autor, Oswald

Chambers, bringt auf den Punkt, worum es geht, wenn man sich selbst stirbt, um Christus immer mehr zu erkennen:

> Ich muss meine emotionalen Meinungen und intellektuellen Überzeugungen nehmen und bereit sein, sie in ein moralisches Urteil gegen das Wesen der Sünde zu verwandeln, das heißt gegen jeden Anspruch, den ich auf mein Recht auf mich selbst habe. ... Wenn ich diese moralische Entscheidung treffe und danach handle, ist alles, was Christus für mich am Kreuz vollbracht hat, in mir vollbracht. Meine uneingeschränkte Hingabe an Gott gibt dem Heiligen Geist die Möglichkeit, mir die Heiligkeit Jesu Christi zu verleihen. ... Meine Individualität bleibt bestehen, aber meine Hauptmotivation für das Leben und die Natur, die mich beherrscht, haben sich radikal verändert.[17]

Das Fleisch muss unser Leben nicht beherrschen. Uns wird die Freiheit angeboten, ein heiliges Leben zu führen. Die heiligende Gnade ist das Mittel und die Abhilfe. Wie funktioniert also die heiligende Gnade auf der Entdeckungsreise der Gnade? Dieser Frage widmen wir den Rest des Kapitels.

WIE JESUS WERDEN

Ich möchte eine Geschichte über einen Mann namens George erzählen, was jedoch nicht sein richtiger Name ist. George war ein Mitglied meiner Gemeinde und ein sehr unglücklicher Mensch.

Er war immer über irgendetwas verärgert. Er mochte weder die Musik noch meine Predigten. Er sagte, ich predige nicht so über Heiligung, wie er sie als Kind gehört hat. Außerdem mochte er Menschen nicht besonders – vor allem keine neuen. George schrieb mir seitenlange Briefe mit den hässlichsten Kommentaren, die man sich vorstellen kann, und kritisierte nicht nur jeden Schritt, den ich in meinem Amt als Pastor machte, sondern meinte auch, meine Beweggründe zu kennen.

Eine Zeit lang beklagte er sich darüber, dass die Gemeinde zu sehr mit sich selbst beschäftigt sei und nicht nach außen wirke. Als sich die Kirche dann mit neuen Leuten zu füllen begann, gefiel ihm das auch nicht, denn jetzt, so sagte er, kümmerten wir uns nicht mehr um die Leute, die schon seit Jahren dabei waren und die den Preis dafür bezahlt hatten, dass die Gemeinde stabil wurde. Er sagte, wir würden nur wachsen, weil wir Schafe von anderen Gemeinden stehlen würden (was nicht stimmte). Letztlich wollte George einfach nicht, dass sich etwas ändert.

George verbrauchte einen Großteil meiner emotionalen Energie als Pastor. Er drohte wiederholt damit, die Gemeinde zu verlassen. Ich glaube, tief in seinem Inneren wusste er, was wir alle wussten – dass keine andere Kirche ihn tolerieren würde. Schließlich rief ich ihn eines Tages an und sagte: „George, du weißt, dass ich dich liebe, aber keine Briefe oder E-Mails mehr. Ich kann dein Herz in einer E-Mail nicht hören, und du kannst meines nicht hören. Von nun an musst du, wenn du ein Anliegen oder eine Beschwerde hast, diese unter vier Augen vorbringen."

Es schien, als würde sich die Lage bessern – zumindest eine Zeit lang. Ich bekam keine Briefe mehr von ihm, aber er fuhr fort, sein negatives Gedankengut in der Gemeinde zu verbreiten. Es kam so weit, dass George eher wie eine Mücke als ein Kampfhund wirkte – eher lästig als gefährlich.

Das Traurigste für mich war, dass George keine Umgestaltung erfuhr. Er war ein griesgrämiger Mensch, und das schon so lange, wie man zurückdenken kann. Das war nicht nur in der Kirche so. Er war seiner Frau kein guter Ehemann, seine Kinder wollten nicht in seiner Nähe sein, und er hatte keine Freude in seinem Leben. Das Erstaunlichste war, dass er seit über sechzig Jahren die Gottesdienste besuchte. Das Schlimmste war vielleicht, dass sich niemand darüber wunderte, dass er sich nicht veränderte, und es störte auch niemanden besonders. Sie hatten es akzeptiert. „Ach, so ist George eben", sagten sie. Niemand erwartete von ihm, dass er Jesus ähnlicher wurde.

Beim Nachdenken über George bin ich zu der Überzeugung gelangt, dass die Frage nach der Anzahl der Gottesdienstbesucher die falsche Frage ist, wenn es um die Gesundheit einer Gemeinde geht. Die bessere Frage, oder zumindest eine, die in die richtige Richtung weist, wäre: „Wie sind diese Menschen?"[18] Wenn jemand Christ wird, besteht das Ziel nicht nur darin, zu lernen, wie man Christus nachfolgt, sondern auch darin, tatsächlich ein christusähnliches Leben zu führen. Dies ist das Ziel aller Nachfolge auf der Entdeckungsreise der Gnade.

DAS ZIEL DER NACHFOLGE

Als Paulus die Gaben des Dienstes beschrieb, sagte er, dass es Apostel, Propheten, Evangelisten, Pastoren und Lehrer gibt, dass aber ihr gemeinsamer Zweck darin besteht, „die Gläubigen für ihren Dienst vorzubereiten und die Gemeinde – den Leib Christi – zu stärken". (Epheserbrief 4,12) Es gibt in diesen Worten in Bezug auf die Nachfolge viel zu entdecken, aber lassen Sie uns mit dem Konzept des „Leibes" beginnen.

Der Körper ist eine faszinierende Analogie, denn immer, wenn von geistlichem Wachstum die Rede ist, wird vorausgesetzt, dass etwas lebendig ist. Alles was lebt, wächst. Was tot ist, bleibt statisch oder verwest. Nur lebende Dinge wachsen. Unbelebte Dinge wachsen nicht. Ein Möbelstück wächst nicht. Ein Felsen wächst nicht. Nur Organismen wachsen.

Ein Organismus kann (1) ein Lebewesen wie eine Pflanze, ein Tier oder ein Mensch oder (2) ein funktionierendes System von voneinander abhängigen Bestandteilen sein, die ein Lebewesen oder eine Sache ausmachen. Pflanzen sind Organismen. Pflanzen können ohne Sonnenlicht, Wasser und Nährstoffe nicht wachsen. Sie brauchen ein Ökosystem, das ihr Wachstum unterstützt, sonst sterben sie. Auch unser menschlicher Körper ist ein Organismus. Die menschliche Anatomie ist ein System funktionierender, voneinander abhängiger Bestandteile – ein funktionsfähiges System, das auf Zusammenarbeit ausgelegt ist: „Der menschliche Körper hat viele Glieder und Organe, doch nur gemeinsam machen die vielen Teile den einen Körper aus." (1. Korintherbrief 12,12) Wenn eines unserer Körperteile nicht richtig funktioniert, egal wie unbedeutend es zu sein scheint, kann es das gesamte System durcheinanderbringen und uns krank machen.

Wenn Paulus sagt, dass wir der Leib Christi sind, dann will er damit zum Ausdruck bringen, dass die Gemeinde auch ein Organismus ist, der aus dynamischen, lebendigen Menschen besteht, die wie voneinander abhängige Körperteile durch die Kraft des Heiligen Geistes zusammenarbeiten und aufeinander angewiesen sind, damit das Ganze vital und gesund bleibt. „Auch der Körper besteht aus vielen verschiedenen Teilen, nicht nur aus einem." (1. Korintherbrief 12,14) Wenn die Teile nicht auf ganzheitliche Weise zusammenarbeiten, wird er krank und schwach. Umgekehrt sind Vitalität und Gesundheit das Ergebnis, eine Form nimmt Gestalt an und ein Endziel (*Telos*) wird erreicht, wenn die Teile miteinander verbunden sind, sich gegenseitig nähren und gemeinsam wachsen. Wir bauen den Leib auf, bis „wir alle im Glauben eins werden und den Sohn Gottes immer besser kennenlernen, sodass unser Glaube zur *vollen Reife* gelangt und wir *ganz von Christus erfüllt sind.*" (Epheserbrief 4,13, Hervorhebungen hinzugefügt) Das Ziel der christlichen Reife ist, ganz von Christus erfüllt zu sein – die Christusähnlichkeit. Es gibt kein anderes Ziel. Das gilt auch für die Gemeinde. Wenn unsere einzelnen Mitglieder zusammenkommen, sollen sie wie der Leib Christi aussehen. Außerdem, falls wir es beim ersten Mal übersehen haben sollten, wiederholt Paulus, dass wir „in jeder Hinsicht Christus ähnlicher werden, der das Haupt seines Leibes – der Gemeinde – ist" (V. 15).

Das Ziel allen geistlichen Wachstums, für den Einzelnen und für die Gemeinschaft, ist es, Jesus immer ähnlicher zu werden. Der Akt oder Prozess, Jesus ähnlich zu werden, heißt Heiligung und wird durch die heiligende Gnade ermöglicht.

Heiligung ist nicht optional

Das Wort Heiligung ist vom Wort „heilig" (griechisch *hagios*) abgeleitet. Die wesleyanische Heiligungstheologie lehrt, dass die gute Nachricht des Evangeliums nicht nur darin besteht, dass wir eines Tages nach unserem Tod bei Gott sein werden, sondern auch darin, dass das Angebot eines Lebens in Fülle in Gottes Reich schon jetzt gilt, genau dort, wo wir sind. Es ist Gottes Plan, dass sein durch den Sündenfall beschädigtes Ebenbild in seiner ganzen Schönheit und Herrlichkeit in uns wiederhergestellt wird, dass wir sein Meisterwerk werden und in dem, was wir denken, sagen und tun, Christusähnlichkeit widerspiegeln. Das nennt man Heiligung und das ist unser Ziel. Sie ist für einen wachsenden Christen nicht optional.

Beim Kauf eines Neufahrzeugs erläutert der Verkäufer die Serienausstattung und das optionale Sonderzubehör. Jedes Fahrzeug ist mit einem Lenkrad, Sicherheitsgurten, Spiegeln, einem Motor usw. ausgestattet. Sie gehören zur Standardausrüstung – jedes Fahrzeug hat sie. Wenn jemand jedoch automatische Fensterheber, Alufelgen oder ein Satellitenradiosystem wünscht, muss er sich nach dem Preis für dieses optionale Zubehör erkundigen, da es nicht in jedem Auto vorhanden ist. Heiligung ist kein optionales Zubehör für einen Nachfolger Jesu. Sie gehört zur Standardausstattung aller Modelle. Es wird erwartet, dass wir wie Jesus werden, denn Wachstum ist keine Option. Wir wachsen immer auf etwas zu – wir sind immer einem Prozess geistlicher Formung ausgesetzt.

Auch Paulus bekräftigt dies in Römerbrief 12, wenn er sagt: „Deshalb orientiert euch nicht am Verhalten und an den Gewohnheiten dieser Welt, sondern lasst euch von Gott durch Veränderung eurer Denkweise in neue Menschen verwandeln. Dann werdet ihr wissen, was Gott von euch will: Es ist das, was gut ist und ihn freut und seinem Willen vollkommen entspricht." (12,2) Entweder orientieren wir uns an der Welt oder wir werden von Gott verwandelt – das sind unsere einzigen Alternativen. Wenn wir nicht durch die erneuernde Kraft Gottes verwandelt (von innen heraus verändert) werden, dann lassen wir uns von gottfeindlichen Kräften, die in der Welt am Werk sind, bestimmen (formen und gestalten). Die Frage ist nicht, ob Sie geistlich geformt werden; die Frage ist, wovon lassen Sie sich formen? Wenn Gott uns nicht formt, gibt es einen geistlichen Feind – einen Widersacher, den Bösen –, der unser Leben gerne gestaltet.

Einfach ausgedrückt: Die Welt ohne Gott verformt und missgestaltet die Menschen. Gott reformiert und verwandelt. Deshalb ist die Heiligung – wie Jesus zu werden – so wichtig. Es gibt kaum eine bessere Zusammenfassung des Willens Gottes für das menschliche Leben als die folgenden Worte aus der Bibel: „Gott möchte, dass ihr heilig seid" (1. Thessalonicherbrief 4,3); und „Versucht, mit allen Menschen in Frieden zu leben, und bemüht euch, ein heiliges Leben nach dem Willen Gottes zu führen, denn wer nicht heilig ist, wird den Herrn nicht sehen." (Hebräerbrief 12,14) Das Gebot, sich um Frieden und um ein heiliges Leben zu bemühen, impliziert, dass wir handeln und nicht passiv sind. Das geistliche Wachstum eines Menschen wird Heiligung genannt. Die anfängliche Heiligung und die völlige Heiligung sind nicht dasselbe, aber das Ziel aller Heiligung ist es, wie Jesus zu werden. Das ist der Wille Gottes für das Leben eines jeden Christen, denn wenn wir nicht „in jeder Hinsicht Christus ähnlicher werden, der das Haupt seines Leibes – der Gemeinde –

ist", werden wir durch etwas anderes als die heilige Liebe geformt (Epheserbrief 4,15).

Eine Gleichung für geistliches Wachstum

Wachstum in der Christusnachfolge ist keine Option. Die meisten Christen würden diesen Punkt nicht bestreiten. Die eigentliche Frage ist, wie geschieht dieses Wachstum? In seinem Buch *Rethinking the Church* (Die Kirche neu denken) erklärt James Emery White, was viele Menschen über den Prozess der Nachfolge glauben. Er fasst es in Form einer mathematischen Gleichung zusammen:

$$\text{Errettung} + \text{Zeit} + \text{persönliche Anwendung}$$
$$= \text{Lebensveränderung}$$

Die Formel basiert auf vier Annahmen: (1) Lebensveränderung ereignet sich bei der Errettung; (2) sie geschieht kontinuierlich auf natürliche Weise im Laufe der Zeit; (3) sie wird weitgehend durch einen Willensakt verwirklicht; und (4) sie wird am besten allein erreicht.[19] Schauen wir uns die vorgeschlagene Hypothese genau an.

Erstens: „Errettung". Die Errettung ist eine so radikale Umgestaltung unseres Wesens („Wiedergeburt"), dass es zu einer unmittelbaren Veränderung des Herzens kommt, die sich in einer übernatürlichen Veränderung der Wünsche, Gewohnheiten, Einstellungen und des Charakters niederschlägt. Christen werden geboren, nicht gemacht. Da die Errettung den Status unserer Beziehung zu Gott ändert, unser ewiges Schicksal verändert und die Kraft und das Wirken des Heiligen Geistes in unser Leben einführt, wird ein unmittelbares und substanzielles Wachstum erwartet. Diese Annahme liegt der Errettung zugrunde.

Zweitens: „Zeit". Obwohl der Prozess der Umgestaltung bei der Bekehrung stattfindet, ist es offensichtlich, dass sich geistliche Reife nicht sofort einstellt, nachdem man Christ geworden ist. Es bleiben zwar noch Reste von Widerstand und Egoismus, mit denen man sich auseinandersetzen muss, sagt White, aber das sind Dinge, die sich im Laufe der Zeit erledigen lassen.[20] Daher ergibt sich aus der Formel, dass jemand, der seit fünf Jahren Christ ist, fünf Jahre an geistlicher Reife besitzt, während jemand, der schon seit zehn Jahren Christ ist, zehn Jahre an Reife besitzt, und so weiter. Glaube wächst im Laufe der Zeit automatisch. Alles, was wir tun müssen, ist, die Bibel zu lesen und so oft wie möglich in die Kirche zu gehen, und die Frucht des Geistes wird sich vermehren, und wir werden Jesus ähnlicher werden. Diese Annahme liegt der Zeit zugrunde.

Drittens: „persönliche Anwendung". Das hat etwas mit der Willenskraft des Menschen zu tun. Der Gedanke dahinter ist, dass alles, was sich nicht auf natürliche Weise im Laufe der Zeit ereignet, durch Entschlossenheit und menschliche Anstrengung ergänzt wird. Man muss sich lediglich dazu entscheiden, auf eine bestimmte Weise zu leben und zu handeln (und ein wenig Durchhaltevermögen hinzuzufügen) – denn das christliche Leben wird durch Willensentscheidungen aufrechterhalten. Genügend Zeit plus unsere Willenskraft werden die Frucht des Geistes hervorbringen. Diese Annahme liegt der persönlichen Anwendung zugrunde.

Und schließlich: „wird am besten allein erreicht". Die letzte Annahme in der Gleichung der Christusnachfolge ist Unabhängigkeit, oder die Überzeugung, dass eine persönliche Beziehung zu Jesus Christus gleichbedeutend mit einer privaten Beziehung ist.[21]

So lautet die Gleichung, aber wir machen uns selten die Mühe zu fragen, ob diese Annahmen zutreffen. Geschieht Nachfolge wirklich auf diese Weise? Beginnen wir nach der Errettung automatisch, geistlich zu wachsen? Wenn jemand Christ wird, gibt es dann eine sofortige, tiefgreifende Veränderung der Gewohnheiten, der Einstellungen und des Charakters? Wachsen Christen allein durch Zeit und Willenskraft? Ist es für Nachfolger Jesu besser, allein zu arbeiten, weil unsere Beziehung zu Gott persönlich ist? Wenn diese Annahmen richtig sind, müsste es dafür in der Kirche reichlich Beweise geben. Wenn sie wahr sind, so White, dann sollte die einfache Anwendung der Gleichung immer wieder zu den gleichen Ergebnissen führen: dass der einzelne Christ und der Leib Christi in seinem Denken, Reden und Handeln immer mehr wie Jesus werden.[22] Es gibt jedoch wichtige Gründe, warum die Formel nicht ganz vollständig ist.

Zunächst einmal werden Nachfolger Jesu sowohl geboren als auch gemacht. Die rettende Gnade verändert unsere Beziehung zu Gott, unsere ewige Bestimmung und führt die Kraft und das Wirken des Heiligen Geistes in unser Leben ein. Wie wir jedoch aus den Lehren des Neuen Testaments ersehen können, sind neue Christen charakterlich noch nicht reif. Christ zu sein, bedeutet nicht automatisch, wie Christus zu sein. Entwicklung ist nötig. Tugend wird im Laufe der Zeit durch bestimmte Praktiken entwickelt.[23] Angesichts dieser Tatsachen wollen wir nun einen der Bibel eher entsprechenden Rahmen dafür betrachten, wie geistliches Wachstum durch die heiligende Gnade geschieht.

1. Geistliches Wachstum mag mit der Errettung beginnen, aber wir wachsen im Laufe unseres Lebens weiter in der Gnade. Es gibt einen Unterschied zwischen Heiligung und völliger Heiligung. Die Debatte scheint sich immer darum zu drehen, ob die Heiligung sofort oder allmählich erfolgt. Gibt es einen kritischen Moment, oder ist es ein Prozess? Die Antwort lautet: sowohl als auch.[24] Die heiligende Gnade beginnt in dem Moment, in dem wir die rettende Gnade erfahren. Theologen sprechen von einer „anfänglichen Heiligung", auf die ein geistliches Wachstum in der Gnade folgt, bis Gott in einem Moment der völligen Weihe und Hingabe das Herz läutert und reinigt. Diese Erfahrung wird als völlige Heiligung oder „christliche Vollkommenheit" bezeichnet.[25] Aber auch nach diesem Moment der vollständigen Weihe an Gott wachsen wir weiter in der Gnade und hören nie auf zu wachsen, solange wir leben.

In den Glaubensartikeln der Kirche des Nazareners heißt es: „Wir glauben, dass es einen deutlichen Unterschied zwischen einem reinen Herzen und einem reifen Charakter gibt. Ersteres wird in einem Augenblick erlangt und ist das Ergebnis der völligen Heiligung; das zweite ist das Ergebnis des Wachstums in der Gnade". Wenn wir im Glauben auf die zuvorkommende Gnade reagieren, empfangen wir die rettende Gnade. Es kommt zu einer radikalen Neuausrichtung unserer Prioritäten, zu einer Neuformulierung unserer Wünsche, und die Kraft und das Wirken des Heiligen Geistes werden in unserem Leben freigesetzt. Statt einer sofortigen Befreiung von jeder schädlichen Gewohnheit, jedem Charakterfehler oder jeder schlechten Einstellung, die wir je besessen haben, arbeitet Gott weiter an uns, um uns so zu formen, wie er uns haben möchte. Das Ziel jeder christlichen Nachfolge ist es, Jesus immer ähnlicher zu werden. Deshalb argumentiert Paulus: So wie wir von Babys nicht erwarten, dass sie Babys bleiben, so wie wir wollen, dass sie wachsen und zu voll funktionsfähigen Erwachsenen heranreifen, so sollten wir als Christen auch erwarten, dass wir keine geistlichen Babys bleiben. Geistliches Wachstum beginnt mit der Errettung, aber wir wachsen im Laufe unseres ganzen Lebens weiter in der Gnade. Wie wir uns geben, handeln und denken, sollte nächstes Jahr Christus ähnlicher sein als heute, damit wir durch die heiligende Gnade Fortschritte machen.

2. Zum geistlichen Wachstum gehört mehr als nur Zeit. Die meisten meiner Freunde wissen entweder nicht, dass ich Klavier spielen kann, oder sie haben es vergessen. Ich spiele schon seit mehr als vierzig Jahren Klavier. Als ich zehn Jahre alt war, übte ich fast jeden Tag (unter der strengen Aufsicht meiner Mutter, die das Klavierspielen dem Fußball vorzog). Jetzt spiele ich viel seltener – etwa einmal im Jahr. Wenn mich jemand fragen würde, wie lange ich schon spiele, würde ich nicht lügen, wenn ich vier Jahrzehnte sagen würde, doch der Rest der Geschichte ist, dass ich nicht alle diese vier Jahrzehnte über fleißig geübt habe. Es gibt Kinder in der Kirche, die erst seit ein paar Jahren Klavier spielen und besser spielen können als ich, obwohl ich technisch gesehen schon viel länger spiele.

Mit unserem geistlichen Leben verhält es sich nicht anders. Allein die Tatsache, dass man mit Informationen konfrontiert wird, bedeutet nicht, dass man sie auch aufnimmt, versteht, sich zu eigen macht und auslebt. Es stimmt zwar, dass geistliches

Wachstum Zeit braucht, aber es stimmt nicht, dass die heiligende Gnade ihrem Wesen nach ein Produkt der Zeit oder gar ein Nebenprodukt des Einflusses der christlichen Kultur ist.[26] Die Kirchen sind voll von Menschen, die seit vielen Jahren Christen sind – und doch spiegelt ihr Leben nur wenig vom Geist Jesu wider. Sie sind kritisch, launisch, zynisch, negativ und egoistisch. Vielen von ihnen geht es wie George aus einer meiner früheren Gemeinden: Sie werden nicht jedes Jahr mehr und mehr wie Jesus. Der Grund dafür ist sehr einfach.

3. Geistliches Wachstum ist nicht so sehr eine Frage der Zeit, sondern eine Frage der Zusammenarbeit mit Gott und der bewussten Übung. Der Schreiber des Hebräerbriefs sagt: „Ihr seid nun schon so lange Christen und solltet eigentlich andere lehren. Stattdessen braucht ihr jemanden, der euch noch einmal die Grundlagen von Gottes Wort beibringt. Ihr seid wie Säuglinge, die nur Milch trinken, aber keine feste Nahrung essen können. Ein Mensch aber, der sich von Milch ernährt, ist im Leben noch nicht sehr weit fortgeschritten und versteht nicht viel davon, was es heißt, das Richtige nach Gottes Wort zu tun. Feste Nahrung dagegen ist für die Menschen, die erwachsen und reif sind, die *aufgrund ihrer Erfahrung gelernt haben*, zwischen Gut und Böse zu unterscheiden. Lasst uns daher aufhören, ständig die Grundaussagen der Lehre von Christus zu wiederholen. Wir wollen vielmehr weitergehen und im Verständnis reifer werden." (Hebräerbrief 5,12–6,1, Hervorhebung hinzugefügt)[27] Aufgrund der Formulierung „schon so lange" können wir davon ausgehen, dass dieser Teil der Schrift an Gläubige geschrieben wurde, die bereits seit einiger Zeit Christen waren. Anstatt durch ihre Worte und ihr Beispiel zu Lehrern auf der Entdeckungsreise der Gnade zu werden, ernährten sie sich immer noch von Babynahrung. Der Weg zur Ernährung eines Erwachsenen und zu reifem Christsein führt über das Lernen der Rechtschaffenheit – ein Lernen, das ihnen hilft, den Unterschied zwischen richtig und falsch zu erkennen und zwischen gut und besser zu unterscheiden. Das ist das Voranschreiten zur christlichen Vollkommenheit oder zu einer Reife in Christus, die es bußfertigen Gläubigen ermöglicht, sich von den Aspekten des Fleisches abzuwenden, die noch im Herzen verbleiben.[28]

Die Formulierung „aufgrund ihrer Erfahrung gelernt haben" im Hebräerbrief ist bemerkenswert. Darin schwingt ein bewusstes Bemühen mit, und sie impliziert, dass wir als Christen an unserem eigenen geistlichen Wachstum in Christus mitwirken. Es gibt viele weitere Beispiele: „Bereitet euch vor! Erbaut euren Glauben! Vollendet den Lauf! Bewahrt eure Herzen!" Dies alles sind biblische Aufträge, in der Welt das sichtbar zu machen, was Gott in uns wirkt. Dieses Lernen erfolgt mithilfe bestimmter Praktiken oder Gnadenmittel, die John Wesley Werke der Frömmigkeit und Werke der Barmherzigkeit nannte.[29] Zu den Werken der Frömmigkeit gehören die eingesetzten Gnadenmittel wie Gebet, Bibellesen, Fasten, Empfang des Abendmahls, Taufe und Gemeinschaft mit anderen Christen. Werke der Barmherzigkeit sind auch Gnadenmittel im Dienst am Nächsten, wie z. B. „die Hungrigen speisen, die Nackten bekleiden, Fremden Unterkunft gewähren, die Gefangenen und Kranken besuchen und die Unwissenden belehren".[30] Wir praktizieren die Gnadenmittel, auch wenn wir sie als Geschenke empfangen; unsere Teilnahme ist erforderlich.[31]

Wir müssen jedoch darauf achten, dass wir Beteiligung nicht mit Steuerung verwechseln. Wir können unser geistliches Wachstum nicht steuern – geschweige denn, es verursachen. Es gibt einige Dinge, die wir steuern können. Wir können eine SMS senden, mit dem Bus fahren oder Lebensmittel einkaufen. Es gibt auch Dinge, die wir überhaupt nicht beeinflussen können. Wir können das Wetter nicht ändern. Wir können unsere Gene nicht ändern. Es gibt Dinge, die wir steuern können, und solche, die sich nicht steuern lassen – beides existiert.

Es gibt jedoch auch eine dritte Kategorie: Dinge, die wir nicht steuern können, mit denen wir jedoch zusammenarbeiten können. Denken Sie an Schlaf. Wenn Sie jemals Kinder hatten, dann mussten Sie ihnen wahrscheinlich schon mal sagen, dass sie schlafen gehen sollen. Manchmal antworten sie: „Ich kann nicht!" Sie haben teilweise Recht. Sie können sich nicht selbst zum Einschlafen bringen, so wie man einen Anruf tätigen kann. Als Eltern versichern wir unseren Kindern, dass sie dennoch etwas tun können, um sich für den Schlaf zu öffnen. Sie können sich auf den Schlaf vorbereiten. Sie können sich ins Bett legen, das Licht ausschalten, die Augen schließen, leise Musik hören, und der Schlaf wird kommen! Sie können ihn nicht steuern, aber sie sind nicht hilflos. Sie können sich auf den Schlaf einlassen und ihn leise an sich heranschleichen lassen. Das Gleiche gilt für das geistliche Wachstum. Wir können uns nicht selbst heiligen oder uns wie Jesus machen. Der Heilige macht uns heilig. Gott ist unser „Heiligmacher". Doch wie bei unserer Rettung ist auch hier Zusammenarbeit erforderlich. Wir retten uns nicht selbst, sondern wir müssen zur rettenden Gnade Ja sagen.

Dallas Willard, der renommierte Lehrer zum Thema Christusnachfolge, hat den berühmten Satz gesagt: „Gnade steht nicht im Gegensatz zur Anstrengung, sie steht im Gegensatz zum Verdienst".[32] Gnade bedeutet mehr als Wiedergeburt, Rechtfertigung und Vergebung. Die Gnade ist für die gesamte Entdeckungsreise der Nachfolge erforderlich. Dennoch besteht die große Gefahr unserer Zeit wohl weniger darin, dass wir denken, wir müssten zu viel auf unserer Reise der Nachfolge tun, sondern dass wir annehmen, wir müssten nichts tun. Passivität kann ebenso gefährlich sein wie Gesetzlichkeit. Wenn Paulus sagt, wir sollen das alte Ich ablegen und das neue anziehen, dann meint er sicher, dass wir das mit Gottes Hilfe tun müssen. Paulus ist in diesem Punkt kompromisslos: „übe dich aber zur Gottesfurcht" (1. Timotheusbrief 4,7, Elberfelder Übers.), und wiederum: „Denkt daran, dass alle wie in einem Wettrennen laufen, aber nur einer den Siegespreis bekommt. Lauft so, dass ihr ihn gewinnt!" (1. Korintherbrief 9,24).

Gnade bedeutet, dass Gott alles getan hat, was wir nicht selbst tun konnten, aber sie bedeutet nicht, dass wir jetzt zu Konsumenten werden, die nichts zu der Beziehung beitragen. Diese falsche Vorstellung ist der Grund dafür, dass viele Christen in der Nachfolge die Hände in den Schoß legen, was zu einem Mangel an geistlichem Wachstum und Reife führt. Daher sagte Dallas Willard auch: „Wir wissen, dass Jesus sagt: ‚Ohne mich könnt ihr nichts tun' (Johannes 15,5) ... aber wir sollten ebenso glauben, dass die Kehrseite dieses Verses lautet: ‚Wenn ihr nichts tut, dann geschieht es ohne mich'. Und das ist der Teil, den wir überhaupt nicht gern hören."[33] Wir arbeiten mit der aktiven Gnade Gottes zusammen, indem wir unser Leben um die Aktivitäten, Disziplinen und Praktiken herum neu ordnen, die uns von Jesus Christus vorgelebt wurden. Dabei nehmen wir jedoch an ihnen nicht teil, um unsere Heiligung zu verdienen, sondern um durch Lernen das zu erreichen, was wir nicht erreichen können, wenn wir uns nur „mehr anstrengen".

4. Geistliches Wachstum ist ein gemeinschaftliches Unterfangen. Westliche Leser sind oft überrascht von der Betonung der Gemeinschaft in Paulus' Beschreibung der Entdeckungsreise der Gnade, während viele nichtwestliche Kulturen bereits wissen, dass wir den Weg nicht allein gehen können. Ich zitiere erneut aus seiner krönenden theologischen Abhandlung über die Kirche: „Durch ihn [Christus] wird der ganze Leib zu einer Einheit. Und jeder Teil erfüllt seine besondere Aufgabe und *trägt zum Wachstum der anderen bei*, sodass der ganze Leib gesund ist und wächst und von Liebe erfüllt ist." (Epheserbrief 4,16, Hervorhebung hinzugefügt) So unerwartet diese Verse für Kulturen sein mögen, die es gewohnt sind, sich vor dem Altar des Individualismus, einschließlich der individualistischen Spiritualität, zu verneigen, so unumwunden sagt Paulus, dass unsere Nachfolge nie als Soloakt gedacht war. Jeder „Teil" (jedes Individuum) des Körpers ist wichtig und hat eine einzigartige Aufgabe zu erfüllen, aber all die Arbeit jedes Einzelnen hat ein gemeinsames erklärtes Ziel: den anderen Teilen beim Wachstum zu helfen.

Es ist eine heilige Synergie. Der Begriff „Synergie" stammt vom griechischen Wort *synergos* ab, was so viel bedeutet wie „zusammenarbeiten". Es heißt, dass das Werk einer Gesamtheit größer ist als die Summe seiner Einzelteile, oder dass die Kombination einzelner Teile eine größere Wirkung erzielt, als es jeder Teil für sich könnte. Synergie findet man in der Natur, in der Wirtschaft, im Sport und in Familienbeziehungen. Es ist die Kraft der gegenseitigen Abhängigkeit, der Gegenseitigkeit und Wechselseitigkeit.[34]

Ein bekanntes Beispiel für Wechselseitigkeit ist die Beziehung zwischen Zebras und sehr kleinen Vögeln, den Madenhackern. Die Madenhacker fressen die Zecken auf dem Rücken der Zebras und wirken so als eine Art Schädlingsbekämpfung; die Madenhacker geben auch ein zischendes Geräusch von sich, wenn sie sich erschrecken, und dienen so als Alarmsystem für die Zebras, wenn Raubtiere in der Nähe sind. Die Zebras bieten den Vögeln reichlich Nahrung, die Vögel versorgen die Zebras mit guter Hygiene und Gesundheit. Diese beiden Tierarten sind in vielerlei Hinsicht völlig unterschiedlich, aber sie brauchen einander, um zu gedeihen.

Synergie ist auch das Maß für einen gesunden Leib, der wächst und von vollkommener Liebe erfüllt ist (im Griechischen Agape genannt). Rechenschaftspflicht, Ermutigung, Ermahnung, Fürbitte und Unterstützung sind ohne andere Menschen unmöglich. Gemeinsam werden wir ein heiliges Volk. Wir hören die Stimme Gottes am deutlichsten in der Gemeinschaft. Liebe ist oberflächlich, solange sie nicht im Rahmen echter Beziehungen gelebt wird. Die Entdeckungsreise der Gnade ist eine Teamleistung![35]

Hier sind sie also, Seite an Seite. Zwei verschiedene Gleichungen für Wachstum in der Nachfolge.

Die populäre Gleichung:

$$\text{Errettung} + \text{Zeit} + \text{individuelle Willenskraft}$$
$$= \text{geistliches Wachstum}$$

Die Heiligungsgleichung:

$$\text{Gnade} + \text{Zusammenarbeit mit Gott} + \text{christliche Gemeinschaft}$$
$$= \text{Christusähnlichkeit}$$

Christen sind dazu berufen, in der Gnade zu wachsen, was eine
andere Formulierung dafür ist, dass wir in die Ähnlichkeit mit Jesus hineinwachsen sollen. Wir erhalten neues Leben von Christus, damit wir in Christus aufwachsen können. Gott erneuert
und formt um. Es ist die heiligende Gnade. Ich kenne niemanden, der dies auf nettere Weise zum Ausdruck gebracht hätte als
C. S. Lewis:

> Stellen wir uns vor, wir seien ein lebendiges Haus.
> Gott kommt in dieses Haus, weil er es umbauen
> möchte. Zunächst verstehen wir noch, was er dort
> so tut. Er bringt die Abzugsrohre in Ordnung und
> bessert die Schäden auf dem Dach aus. Weil wir
> wußten, daß diese Reparaturen fällig waren, sind
> wir nicht weiter überrascht. Aber auf einmal fängt
> er an, im Haus auf eine Weise herumzuklopfen,
> die höchst schmerzhaft ist und zudem noch sinnlos
> erscheint. Was hat er bloß vor? Er baut ein völlig an-
> deres Haus als das, was uns vorschwebte; fügt hier
> einen Seitenflügel an, zieht dort eine Zwischende-
> cke ein, baut Türme und legt Höfe an. Wir hatten
> geglaubt, wer er würde ein nettes kleines Häuschen
> aus uns machen. Er aber errichtet einen Palast. Der
> er will selbst darin einziehen und dort leben.[36]

Gott rettet uns nicht nur, sondern er gestaltet uns auch neu. Er
nimmt uns an, wo wir sind, aber er liebt uns so sehr, dass er uns
nicht dort lässt. Er konzipiert, gestaltet und formt uns neu. Wenn
wir uns Gott, dem Vater, ganz und gar weihen und hingeben,
reinigt und läutert Gott, der Heilige Geist, unsere Herzen und
formt uns zum Ebenbild Gottes, des Sohnes, um. Wir werden

Christus ähnlich in unseren Gedanken, Worten und Taten. Unser Haus ist unter neuer Leitung.

„Heiligkeit bedeutet, dass es keinen Winkel in deinem Leben gibt, der der Kontrolle von Jesus Christus entzogen ist".[37] Wir nehmen die Hände vom Lenkrad und überlassen Jesus das Kommando und folgen seinen Anweisungen. Wir sagen: „Du bist mein Retter gewesen (Erlösung); nun beuge ich mein Knie und mache dich zu meinem Herrn (Heiligung)". Wir werden für einen heiligen Zweck abgesondert, und Gottes vollkommene Liebe beginnt durch uns zu fließen. Wir beginnen, Gott wirklich mit ganzem Herzen, ganzem Verstand und ganzer Kraft zu lieben, und unseren Nächsten wie uns selbst.

Völlige Heiligung – eine Definition

Zum Schluss noch ein paar Worte zu dem, was unter völliger Heiligung zu verstehen ist. Mit „völlig" ist nicht ein abgeschlossenes Werk Gottes in uns gemeint, sondern vielmehr Vollständigkeit, in einem sehr realen Sinn. Gott wirkt unablässig in uns und an uns, so dass das Meisterwerk unseres Lebens in diesem Sinne bis zur finalen Auferstehung aller Dinge, einschließlich unserer Verherrlichung, andauert.[38] Durch die heiligende Gnade sind wir ganz und so „vollständig vollendet", wie wir es in diesem Augenblick sein können. Unser Leben ist vom exquisiten Glanz des *Schalom* geprägt. *Schalom* ist das, was Gott in der Schöpfung erzeugt und in unserem Leben gestaltet. *Schalom* bedeutet sicherlich Frieden, aber es bedeutet auch Ganzheit, Vollständigkeit, Einheit und dass jeder Teil harmonisch auf das Ziel (*telos*) hinarbeitet, für das wir geschaffen wurden.

Die völlige Heiligung ist, wie wir bereits erörtert haben, eine lebenslange, beharrliche Abkehr von der egozentrischen Existenz (dem Fleisch) und die ständige Unterwerfung unter die Wege und den Willen Gottes in widerstandslosem Gehorsam. Wie Jesus mit großer Präzision sagte: „Wenn einer von euch mit mir gehen will [Nachfolge], muss er sich selbst verleugnen, jeden Tag aufs Neue sein Kreuz auf sich nehmen und mir nachfolgen." (Lukas 9,23)[39] Das Ergebnis eines solchen kreuzzentrierten Lebens ist die Christusähnlichkeit, die sich in der vollkommenen Liebe zu Gott und zum Nächsten äußert.

Der zehnte Glaubensartikel der Kirche des Nazareners artikuliert Heiligung so:

> Wir glauben, dass völlige Heiligung jenes Wirken Gottes nach der Wiedergeburt ist, durch das die Gläubigen von der Ursünde oder Verderbtheit befreit und in einen Zustand völliger Ergebenheit an Gott und zu heiligem Gehorsam, der die Liebe vollkommen macht, geführt werden.
>
> Dies geschieht durch die Taufe oder Erfüllung mit dem Heiligen Geist und umfasst in einer Erfahrung die Reinigung des Herzens von Sünde und die ständige, innewohnende Gegenwart des Heiligen Geistes, der den Gläubigen für Leben und Dienst befähigt. Das Blut Jesu Christi ermöglicht die völlige Heiligung. Sie setzt eine völlige Hingabe voraus

und wird durch Gnade augenblicklich in dem bewirkt, der glaubt. Zu diesem Werk und Stand der
Gnade gibt der Heilige Geist Zeugnis.

Wir glauben, dass die Gnade der völligen Heiligung auch das gottgegebene Verlangen einschließt,
in der Gnade zu wachsen und Christus ähnlicher
zu werden. Dieses Verlangen muss jedoch bewusst
gefördert werden, und der Gläubige muss Voraussetzungen und Verlauf geistlichen Wachstums
sorgfältig beachten und sich bemühen, in Wesen
und Persönlichkeit Christus immer ähnlicher zu
werden. Der Gläubige, der dieses Ziel nicht ent-
schlossen verfolgt, wird in seiner Zeugniskraft ge-
schwächt und die Gnade selbst kann gehindert
werden und schließlich verlorengehen.

Indem sie an den Gnadenmitteln teilhaben, besonders an der Gemeinschaft, den geistlichen Disziplinen und den Sakramenten der Kirche, wachsen
Gläubige in der Gnade und darin, Gott und den
Nächsten von ganzem Herzen zu lieben.[40]

Wir müssen unsere Ausführungen über die heiligende Gnade
mit einer einfachen Frage abschließen: Zu welchem Zweck? Warum ist diese erwünschte Heiligung notwendig? Wodurch zeichnet sich ein Leben aus, das von dieser Christusähnlichkeit geprägt ist?

Wir kehren zur vollkommenen Liebe zurück. Die völlige Heiligung ist nicht der Gipfel der Moral. Sie ist die höchste Form der

sich selbst hingebenden Liebe. Die völlige Heiligung ist die in uns vollendete heilige Liebe. Dass Wesley die völlige Heiligung als vollkommene Liebe definierte, ist allgemein bekannt. Das war der einzigartige Inhalt seiner Lehre über die Heiligung. Mildred Bangs Wynkoop weist auf diesen Punkt hin und führt aus: „Wesleys Erörterungen zu jedem Teil der christlichen Wahrheit führten ihn schnell zur Liebe. ‚Gott ist Liebe‘. Jeder Aspekt des Sühnewerks ist ein Ausdruck der Liebe; Heiligung ist Liebe; die Bedeutung von ‚Religion‘ ist Liebe. Christliche Vollkommenheit ist Vollkommenheit der Liebe. Jeder Schritt Gottes auf den Menschen zu, und die Antwort des Menschen, Schritt für Schritt, ist ein Aspekt der Liebe."[41] Um das zu verdeutlichen, fügt Wynkoop hinzu: „Zu sagen, dass die christliche Heiligung unsere Daseinsberechtigung ist, bedeutet nicht weniger, als dass wir uns für alles einsetzen, was Liebe ist, und das ist in der Tat eine große Aufgabe."[42]

Kurz gesagt, die Liebe ist der Kern der Sache. Alles, was weniger als Liebe ist, wird dem hohen Anspruch der „Daseinsberechtigung" eines heiligen Lebens nicht gerecht. Jede lieblose Auffassung von völliger Heiligung ist hart, gesetzlich, verurteilend und unheilig. Agape (christliche Liebe) ist die Liebe, die alle anderen natürlichen Arten der Liebe in ihrer richtigen Ordnung hält.[43] Agape leitet, interpretiert und kontrolliert alle anderen Wünsche und Begierden. Da wir ermutigt werden, in der Agape zu wachsen, verstehen wir, dass sie uns geschenkt wird und dann stärker wird; sie ist sowohl ein Geschenk als auch etwas, das in uns durch die ständige Gegenwart des Heiligen Geistes wächst. Es bedarf der Anstrengung, doch die Gnade wird bereitgestellt.

Wir werden umworben von heiliger Liebe durch die suchende (zuvorkommende) Gnade. Wir werden von heiliger Liebe ergriffen durch die rettende Gnade. Wir werden von heiliger Liebe gereinigt und abgesondert durch die heiligende Gnade. Wir wachsen in der Gnade, wenn die heilige Liebe in uns reichlich vorhanden ist. So erfahren wir die Fülle des Lebens in Christus.

5. ERHALTENDE GNADE

Dem, der euch bewahren kann, damit ihr nicht fallt, und der euch bereit macht, damit ihr makellos und voller Freude seid für seine große Herrlichkeit, gehört alle Ehre. Er allein ist Gott, unser Retter durch Jesus Christus, unseren Herrn. Ihm gehören Ehre, Majestät, Macht und Gewalt; schon vor aller Zeit, jetzt und in Ewigkeit! Amen. -- Judasbrief 24-25

Es kommt ein Punkt im Leben eines jeden Christen, an dem ihm etwas zu dämmern beginnt. Manchmal geschieht es sofort, und manchmal geschieht es erst später auf der Entdeckungsreise der Gnade: Aspekte meines Lebens bleiben der Herrschaft Christi vorenthalten. Es gibt Räume in meinem im Umbau befindlichen Haus (um auf das Bild von C. S. Lewis zurückzukommen), die dem Wirken Gottes verschlossen bleiben.

Weil Gott unerbittlich das Ziel unserer Heiligung verfolgt und uns mehr und mehr wie Jesus macht, beginnt der Heilige Geist zu fragen: „Ist alles mein? Gehört jeder Teil von dir zu mir? Gibt es etwas, das du zurückhältst?"

Unsere erste Reaktion könnte lauten: „Du kannst alles haben, nur nicht (füllen Sie die Lücke). Ich habe dir 99 Prozent von mir gegeben. Gibt es nichts, was ich für mich behalten darf? Erwartest du alles?"[1]

Mit geduldiger Liebe und unerschütterlicher Hingabe an die Erfüllung des Endziels (Telos) unserer Nachfolge flüstert der Geist Jesu: „Ja, alles von dir. Hundert Prozent. Ohne dass du etwas zurückhältst."

Ganz und gar Gott zu gehören, bedeutet, am ganzen verheißenen Leben Gottes teilzuhaben. Je mehr wir von uns selbst an Gott abgeben, desto größer werden Frieden und Freude. Oswald Chambers glaubt, dass das ewige Leben kein Geschenk von Gott ist, sondern, dass Gott sich darin selbst schenkt. Außerdem ist die geistliche Kraft, die Jesus seinen Jüngern nach seiner Auferstehung und in Erwartung von Pfingsten versprochen hat, keine Gabe des Heiligen Geistes, sondern die Kraft ist der Heilige Geist (Apostelgeschichte 1,8). Das Ergebnis ist ein unendlicher Vorrat an Leben in Fülle, der mit jeder Hingabe an Gott wächst. Auch hier ist die Einsicht von Chambers erhellend: „Selbst der schwächste Heilige kann die Macht der Gottheit des Gottessohnes erfahren, wenn er bereit ist, ‚loszulassen'. Aber jeder Versuch, auch nur ein bisschen an unserer eigenen Kraft festzuhalten, wird das Leben Jesu in uns nur schmälern. Wir müssen immer wieder loslassen, und langsam, aber sicher, wird das große, volle Leben Gottes in uns eindringen und jeden Teil durchdringen."[2]

Das menschliche Herz ist der Ort der Sünde und des Ungehorsams, aber es ist auch der Ort der Gnade und der Heiligung. In der suchenden Gnade umwirbt Gott unser Herz; in der rettenden Gnade ergreift Gott unser Herz; in der heiligenden Gnade reinigt Gott unser Herz. Unsere Einstellung ändert sich – aus dem Herzen eines Dieners wird das Herz eines Kindes. Wir entdecken, dass wir Gott nicht mehr aus Angst vor den Konsequenzen des Ungehorsams dienen, sondern weil uns ein Herz voller Liebe geschenkt wurde, das in uns den Wunsch zu gehorchen weckt. Dennoch gilt: der Anspruch Jesu auf dem Weg der Gnade umfasst nicht weniger als alles von uns – komplett, vollständig, ganz.

Heiligung bedeutet, für einen heiligen Zweck abgesondert und so vom Geist Jesu erfüllt zu sein, dass unsere Geisteshaltung, die Motive und Einstellungen christusähnlich sind. Wir verleugnen uns selbst, das heißt, wir geben unser Recht auf unser „ich" auf. Wir nehmen unser Kreuz auf uns, das heißt, wir übertragen unsere Rechte auf Jesus. Hier liegt das überraschende Paradoxon: Indem wir unser Recht auf uns selbst aufgeben und unsere Rechte auf Jesus übertragen, finden wir das Leben. Wenn wir unser Leben in Christus verlieren, finden wir es. Was Gott vorenthalten wird, geht schließlich verloren; was wir Gott überlassen, kann uns nicht genommen werden. „Denn ihr seid gestorben, als Christus starb, und euer wahres Leben ist mit Christus in Gott verborgen." (Kolosserbrief 3,3) Die Weihe ist absolut.

Unsere Weihe an Gott ist nicht die Quelle unserer Heiligung. Wir können uns nicht selbst heiligen; wir machen uns nicht selbst heilig. Der Geist Jesu bewerkstelligt das. Es reicht nicht aus, wie Jesus sein zu wollen. Der Wunsch reicht nicht aus, und Nachahmung führt nicht zum Ziel. Wir müssen den Geist Jesu in uns haben, oder wie Paulus sagt: Christus muss euer Leben prägen (Galaterbrief 4,19).

In vielerlei Hinsicht waren die Pharisäer die besten Menschen zur Zeit Jesu. Sie waren moralisch, sie waren unbescholten, und sie waren gut. Dennoch gründete ihre Güte in der Änderung des Verhaltens und in ihren Versuchen, durch ein System der Sündenbewältigung heilig zu sein, das den Zustand ihrer Herzen unberührt ließ. Sie wollten gottesfürchtig sein und ein reines Leben führen, aber ihre Selbstverleugnung erwies sich als eigennützig, und ihr Kreuztragen machte sie lieblos. Man kann das Äußere nur vorübergehend in Schach halten, bevor das Innere die Oberhand gewinnt. Wie bereits erwähnt, wird alles, was in Ihrem Herzen ist, sich irgendwann zeigen. Der Pharisäer-Christ, der versucht, durch eigene Anstrengung und das Fleisch ein heiliges Leben zu führen, wird die vollkommene Liebe nie erreichen, weil es nicht ausreicht, wie Jesus sein zu wollen. Der Geist Jesu muss in uns sein. Das ist der springende Punkt bei der Heiligung des Herzens. Es braucht Gnade, um die Kraft und Fähigkeit zu erhalten, ein heiliges Leben zu führen.

Dallas Willard erklärt, dass das heilige Leben tatsächlich mehr Gnade erfordert als jeder Versuch, Jesus durch eigene Anstrengungen nachzuahmen: „Wenn Sie wirklich viel Gnade verbrauchen wollen, führen Sie ein heiliges Leben. Der wahre Heilige verbrennt Gnade, wie eine Boeing 747 Treibstoff beim Start verbrennt. Werden Sie zu einem Menschen, der gewohnheitsmäßig so redet und handelt wie Jesus. Sie werden viel mehr Gnade verbrauchen, wenn Sie ein heiliges Leben führen, als wenn Sie sündigen, denn jede ihrer heiligen Handlungen wird durch die Gnade Gottes gestützt werden müssen. Und dieses Stützen ist die völlig unverdiente Gunst Gottes in Aktion."[3] Wir brauchen die unablässige Unterstützung durch Gottes erhaltende Gnade – die Gnade, die uns vor dem Fallen bewahrt (Judasbrief 24).

Allerdings leugnet die erhaltende Gnade nicht die Notwendigkeit unserer Mitwirkung. In Kapitel 4 haben wir gesehen, dass Gnade bedeutet, dass Gott alles getan hat, was wir nicht selbst tun konnten, aber sie bedeutet nicht, dass wir jetzt zu „Gnadenkonsumenten" werden, die nichts zu der Beziehung beitragen. Wir arbeiten mit der aktiven Gnade Gottes zusammen, indem wir unser Leben um die Aktivitäten, Disziplinen und Praktiken herum neu ordnen, die Jesus Christus vorgelebt hat. Wir praktizieren sie nicht, um unsere Heiligung zu verdienen, sondern um durch Einüben das zu erreichen, was wir nicht durch mehr Anstrengung erreichen können.

Übermittelte Gerechtigkeit

Vielleicht sind ein paar Worte über den Unterschied zwischen zugerechneter und übermittelter Gerechtigkeit hilfreich. Diane Leclerc zufolge ist zugerechnete Gerechtigkeit „die Gerechtigkeit Jesu, die dem Christen zugerechnet wird und die den Christen befähigt, gerechtfertigt zu werden. Gott sieht die Person durch die Gerechtigkeit Christi hindurch, jedoch wird dabei nicht die innere Veränderung und Reinigung des Individuums durch Gott angesprochen". Die übermittelte Gerechtigkeit hingegen ist „ein Gnadengeschenk Gottes, das zum Zeitpunkt der neuen Geburt einer Person gegeben wird. Gott beginnt den Prozess, uns heilig zu machen".[4]

Der Unterschied zwischen den beiden ist nicht so subtil, wie Sie vielleicht denken. Die eine ist eine gutgeschriebene Gerechtigkeit, die quasi abgebucht wird; die andere ist eine geschenkte Gerechtigkeit, die innewohnt. Übermittelte Gerechtigkeit kann als die Gabe Gottes verstanden werden, die einen Nachfolger Christi befähigt und ermächtigt, nach Heiligkeit, Heiligung und vollkommener Liebe zu streben. Timothy Tennent bringt den Unterschied gut auf den Punkt: „Als Christen wissen wir, dass Gott die Sünder annimmt und sie mit der Gerechtigkeit Christi bekleidet (zugerechnet). Gott wirkt dann in uns jedes gute Werk, so dass die Gerechtigkeit, die uns einst nur zugerechnet wurde, uns in Wirklichkeit in immer größerem Maße zuteil wird."[5]

OPTIMISMUS DER GNADE

Die übermittelte Gerechtigkeit ist es, die John Wesley in Bezug auf das Potenzial der Veränderung so überaus optimistisch machte. Wesley war sich der verheerenden Folgen der Erbsünde bewusst und war daher nicht optimistisch, was die menschliche Natur anging. Er war jedoch zutiefst davon überzeugt, dass die Gnade Gottes ein Leben buchstäblich von innen heraus verändern kann.

Ich habe einmal gehört, wie mein Freund Wesley Tracy dies als den „radikalen Optimismus der Gnade" bezeichnet hat. Zur Veranschaulichung erzählte er mir eine Geschichte: Stell dir vor, ein kleines Mädchen kommt eines Tages durch den Hintereingang in die Kirche. Sie ist elf oder zwölf. Ihre Kleidung ist schmutzig und ungepflegt, ihr Haar ist dünn und verfilzt. Sie riecht so, als wäre ihr letztes Vollbad schon mehr als ein paar Tage her. Einige Details ihrer Geschichte sind dir bekannt. In der Schule läuft es nicht gut. In den meisten Fächern kommt sie nicht gut mit und schreibt schlechte Noten. Du bist dir ziemlich sicher, dass das Problem nicht mangelnde Begabung ist, sondern die Zustände zu Hause. Ihren leiblichen Vater kennt sie nicht, und ihre Mutter hat immer wieder neue Lebensgefährten. Man munkelt über Kindesmissbrauch hinter verschlossenen Türen, und die blauen Flecken auf ihren Armen scheinen dies zu bestätigen.

Dann sagte Tracy: „Ein Behaviorist[6] würde sich dieses junge Mädchen ansehen und sagen: ‚Sie ist für ihr Leben gezeichnet, für immer verkorkst. Einiges ist noch zu retten, aber sie wird immer hinterherhinken, und aus ihr kann nie mehr das werden, was sie hätte sein können, wenn ihr Umfeld anders gewesen wäre.‘ Das würde ein Behaviorist sagen." Aber, so Tracy weiter, „Weißt du, was jemand, der an den radikalen Optimismus der Gnade glaubt, sagen würde? ‚Egal, was man ihr angetan hat oder was sie sich selbst antut, dieses kleine Mädchen hat die Hoffnung des Evangeliums. Gott kann sie nehmen, wo sie ist, und sie zu dem machen, was er aus ihr machen will.‘" Oder, wie Wesley es ausdrücken könnte: „Zeig mir den übelsten Kerl in ganz London, und ich zeige dir jemanden, der die ganze Gnade der Apostel selbst hat."

Dieser Optimismus nimmt unseren sündigen Zustand durchaus ernst, aber noch ernster nimmt er die Macht der Gnade, die jeden Menschen ungeachtet seiner Herkunft, seiner Lebensumstände und Schwierigkeiten nehmen und zu dem machen kann, was Gott aus ihm machen will.[7] Kein Schmerz ist so schmerzhaft, kein Schaden ist so verheerend, keine Wunde ist so tief, keine Sünde ist so schrecklich, dass Gottes Gnade sie nicht verwandeln, heilen und wieder ganz machen kann.

VERGEBUNG UND VOLLMACHT

Der Weg der Gnade ist die Verwandlung des ganzen Menschen. Gerechtigkeit wird übermittelt, Heiligkeit wird geschenkt. Es geht nicht darum, „sich mehr anzustrengen" oder „sich zusammenzureißen", sondern um eine echte Veränderung, die zu einem vollmächtigen Leben führt. Anders ausgedrückt: Gottes Gnade ist notwendig für Vergebung und Vollmacht. Wir brauchen die Vergebung unserer Sünden und wir brauchen Kraft (Vollmacht), um ein Leben zu führen, das Gott ehrt. Das eine ohne das andere führt zu gefährlichen Extremen. Wenn wir sagen: „Gott vergibt uns, aber es ist ihm eigentlich egal, wie wir unser unvollkommenes Leben führen, denn schließlich wird alles mit Gnade bedeckt", setzen wir uns der Gefahr des Antinomismus aus. Wenn wir hingegen davon ausgehen, dass die Gnade nur zur Vergebung unserer Sünden nötig ist und es danach nur noch auf uns ankommt, besteht die Gefahr der Gesetzlichkeit. Beides sind gefährliche Extreme, die auf der Entdeckungsreise der Gnade hinderlich sind. Der Apostel Paulus spricht diese beiden Extreme an, wenn er sagt: „ihr müsst noch mehr darauf achten, dass Gottes Liebe in eurem Leben sichtbar wird. Deshalb gehorcht Gott voller Achtung und Ehrfurcht. Denn Gott bewirkt in euch den Wunsch, ihm zu gehorchen, und er gibt euch auch die Kraft zu tun, was ihm Freude macht." (Philipperbrief 2,12–13) Wer ist für unser geistliches Wachstum verantwortlich? Ist das unsere Aufgabe oder Gottes Aufgabe? Paulus antwortet mit sowohl als auch, und das ist kein Widerspruch.

Schauen wir uns das Extrem der Gesetzlichkeit an. Theologisch gesprochen ist Gesetzlichkeit die überbetonte Vorstellung, dass der Gehorsam gegenüber Regeln, Vorschriften und bestimmten Verhaltensweisen für die Errettung notwendig ist. Praktisch gesprochen, sagt die Gesetzlichkeit, dass wir wissen, dass Gott durch das Kreuz Jesu für unsere Erlösung gesorgt hat, aber ob sie jemals in unserem Leben verwirklicht wird, hängt davon ab, ob wir viel beten, jeden Tag in der Bibel lesen und bestimmte Menschen und Orte meiden. Im Kern geht es bei der Gesetzlichkeit darum, dass wir versuchen, aus eigener Kraft das zu tun, was nur Gott tun kann. Als Ergebnis erlebt jemand, der sich auf die Einhaltung von Regeln konzentriert, eine enorme Menge an Schuld, Angst, Frustration und Unsicherheit und sehr wenig Gnade, Frieden oder Heilsgewissheit. Es ist eine Nachfolge ohne Gnade, die, wenn man sie auf die Spitze treibt, zu einer schwer fassbaren Form von selbstgerechtem Humanismus und Überheblichkeit wird. Gesetzliche Menschen haben hohe Erwartungen an sich selbst, aber noch höhere an alle anderen, was unattraktiv ist und diejenigen abstößt, die sich von der Kirche entfremdet haben.

Im Gegensatz zur Gesetzlichkeit steht das andere Extrem des Antinomismus. Antinomismus ist ein Fachwort, das sich von zwei griechischen Wörtern ableitet: *anti*, was „gegen" bedeutet, und *nomos*, was „Gesetz" bedeutet. Zusammengenommen drückt es die Idee der Gesetzlosigkeit aus. Es stimmt zwar – und wir haben viel Zeit damit verbracht, diesen Punkt zu erörtern –, dass ein Christ allein durch Gnade und nicht durch gute Werke oder eigene Taten gerettet wird, diese Wahrheit befreit uns jedoch nicht von moralischen und geistlichen Verpflichtungen. Praktisch gesprochen sagt der Antinomist: „Da die Gnade im Übermaß vorhanden ist, kann ich umso mehr sündigen, damit ich noch mehr Gnade erhalte. Weil ich unter dem Schutz der Gnade stehe, bin ich nicht verpflichtet, irgendwelche ethischen oder moralischen Normen zu befolgen. Ich bin von der Bürde der Verantwortung befreit worden. Die Liebe deckt alles zu." So unlogisch (und unpraktisch) das auch klingen mag, es ist die Denkweise einiger Christen. „Bitten Sie mich ja nicht um ernsthaftes Engagement oder ein Opfer. Man sollte niemandem schwere geistliche Lasten auferlegen, denn das zieht nur altmodische Schuldkomplexe und Gesetzlichkeit nach sich. Ich bin für Gnade."[8] Obwohl John Wesley nicht gesetzlich war, hielt er die antinomistische Denkweise für eine noch größere Gefahr als die Gesetzlichkeit und betrachtete den Antinomismus als die schlimmste aller Irrlehren, weil er die vollkommene Liebe abwertet. Liebe ohne Heiligkeit ist freizügig; Heiligkeit ohne Liebe ist hart.

Im Jahr 1751 schrieb John Wesley einen Brief an einen Freund, wohl als Antwort auf Vorwürfe, seine Predigten seien entweder zu gesetzlich oder zu freizügig (antinomistisch). Seine Antwort war lehrreich: „Ich würde nicht dazu raten, das Gesetz ohne das Evangelium zu predigen, genauso wenig wie das Evangelium ohne das Gesetz. Zweifellos sollte beides abwechselnd gepredigt werden, ja, beides auf einmal oder beides in einem." Wesley fasst zusammen, was er mit „beides in einem" meint, das in Spannung gehalten wird: „Gott liebt dich; darum liebe und gehorche ihm. Christus ist für dich gestorben; darum stirb der Sünde. Christus ist auferstanden; darum erstehe auch du zum Ebenbild Gottes. Christus lebt in Ewigkeit; darum lebe für Gott, bis du mit ihm in der Herrlichkeit lebst. ... Das ist der biblische Weg, der methodistische Weg, der wahre Weg. Gebe Gott, dass wir uns niemals von ihm abwenden, weder nach rechts noch nach links."[9]

Was stimmt denn nun? Sind unsere Errettung und unser geistliches Wachstum Gottes Aufgabe oder unsere Aufgabe? Paulus stellt klar: Es heißt nicht „entweder ... oder", sondern „sowohl ... als auch". Die volle Errettung ist von Anfang bis Ende ein Werk Gottes. Wir werden von Gottes Gnade gesucht, gerettet, geheiligt und erhalten. Dennoch werden wir auch immer wieder ermahnt, alles zu tun, um mit dem Wirken des Heiligen Geistes in unserem Leben zusammenzuarbeiten (Lukas 13,24; Phil-

ipperbrief 2,12–13;   2. Timotheusbrief 2,15;   Hebräerbrief 12,14;
2. Petrusbrief 1,5–7; 3,13–34).[10]

Wir brauchen Gnade sowohl für die Vergebung als auch für die
Vollmacht. So trägt die erhaltende Gnade zu unserer Nachfolge
in der Partnerschaft zwischen Gott und Mensch bei. Gott initiiert, wir reagieren. Gott ruft, wir hören zu. Gott führt, wir gehorchen. Gott befähigt, wir arbeiten. „Denn erstens: Gott wirkt, also kannst du wirken", sagte Wesley. „Zweitens: Gott wirkt, also
musst du wirken."[11]

Die Notwendigkeit des freien Willens

Das Thema dieses Kapitels ist die erhaltende Gnade, d. h. die
Gnade, die uns befähigt, das zu tun, wozu Gott uns beruft, und
ein heiliges Leben zu führen. Das neutestamentliche Buch Judas
bezeichnet diese Gnade im letzten Abschnitt als die Kraft Gottes,
die uns vor dem Fallen bewahrt und bewirkt, dass wir am letzten
Tag makellos vor ihm stehen. Eine solche Erklärung vermittelt
eine sehr wichtige Wahrheit über unsere Nachfolge: Wir können
aus der Gnade fallen, aber die erhaltende Gnade Gottes macht es
möglich, dass wir das nicht müssen.

Es gab eine Zeit, in der einige wohlmeinende Heiligungsprediger verkündeten, dass ein Mensch, der einmal geheiligt sei,
nie wieder sündigen würde. Diese Verkündigung löste viel Verwirrung und Bestürzung unter aufrichtigen Christen aus, die
leidenschaftlich Christus nachfolgten, dabei aber feststellten,

dass es nicht nur möglich war, zu stolpern und zu fallen, sondern dass dies auch recht häufig geschah, vor allem angesichts von Botschaften, die ihnen sagten, dass die völlige Heiligung das Problem beheben würde. Das ist einfach nicht der Fall – der Grund dafür liegt darin, dass unser freier Wille nie ausgeschaltet wird. Der freie Wille bleibt für immer im Leben eines Gläubigen, weil er für eine Beziehung unverzichtbar ist. Liebe ist eine Beziehungssache, und die Möglichkeit, sich zu entscheiden, gehört zu jeder gesunden Beziehung dazu. In der Tat ist das Ebenbild Gottes auf uns geprägt, und das, was in der Fülle Christi wiederhergestellt wird, ist die Fähigkeit zu heiligen und liebevollen Beziehungen.

Der Schöpfungsbericht im Ersten Buch Mose ist aufschlussreich. Ein souveräner Gott ruft das Universum mit kaum mehr Aufwand als gesprochenen Worten ins Leben: „Es werde ... “. Gottes Herrschaft ist absolut und sein Reich unvergleichlich – und doch ist die menschliche Freiheit erstaunlicherweise in das Gefüge der Schöpfung eingewoben. Angesichts der unübertroffenen Schöpfungs- und Erhaltungsmacht Gottes ist diese Freiheit unerwartet, denn, wie wir später erfahren, werden die einzelnen Entscheidungen der Menschen nicht nur erlaubt, sondern sie haben auch das Potenzial, das Gedeihen von Gottes guter Welt zu fördern oder ihm zu schaden. Der Allmächtige geht das große Risiko ein und lässt zu, dass unsere Entscheidungen eine Rolle spielen.

Im ersten Paradies gebot Gott, der Herr, dem Menschen: „Du darfst jede beliebige Frucht im Garten essen, abgesehen von den Früchten vom Baum der Erkenntnis des Guten und Bösen. Wenn du die Früchte von diesem Baum isst, musst du auf jeden Fall sterben.“ (Genesis 2,17) Die Möglichkeit zur Entscheidung wurde mit dem Gebot gegeben. Auf den ersten Blick könnte man meinen, Gott hätte unfair gehandelt. Warum hat Gott etwas geboten, wenn er doch weiß, dass in dem Moment, wenn einem etwas verboten wird, die Gedanken nur noch um das Verbot kreisen? War das eine Falle der Versuchung? Nein: Gott hat sie nicht in Versuchung geführt. Sie wurden vor eine Wahl gestellt. Das ist nicht dasselbe. Der Befehl beinhaltet die Anerkennung des freien Willens (oder des befreiten Willens).[12] Ein befreiter Wille ist notwendig, damit Liebe in einer Beziehung existieren kann.

Wenn meine Frau gezwungen wäre, mich zu lieben, und keine Wahl hätte, würden wir zwar immer noch eine irgendwie geartete Beziehung haben, aber es wäre keine Ehe. Warum? Weil der Umstand, dass ich die volle Kontrolle hätte, daraus etwas anderes als Liebe machen würde. Sie würde zu einem Automaten werden, zu einem Roboter, der nicht zu freiem Handeln fähig ist. Wir können nur dann eine gesunde Ehe führen, wenn wir beide die Wahl haben, den anderen zu lieben. Darin liegt das Risiko der Liebe: Sie könnte sich entscheiden, mich nicht zu lieben.

Als Gott die Menschen schuf, setzte er sie in einen wunderschönen Garten, voller Leben und Güte. Es war reine Gnade, da alles von Gott initiiert und bereitgestellt wurde, ohne dass sie selbst etwas dazu beigetragen hätten. Gott hat sie jedoch nicht zu Robotern gemacht, die gezwungen sind, seinen Willen zu tun. Sie konnten zwischen Gut und Böse wählen. Sie hatten die Wahl, Gott zu lieben, oder nicht. Es war fast so, als würde Gott sagen: „Tut dies, weil ich Gott bin. Euer Gehorsam ist eine Entscheidung. Ich möchte, dass diese Beziehung auf Liebe und nicht auf Kontrolle beruht". Gott gibt uns einen freien Willen, nicht weil er uns in Versuchung führen will, sondern weil er möchte, dass wir uns im Gegenzug für ihn entscheiden. Nur dann ist es eine freiwillige Beziehung, die in der Liebe wurzelt.

Sören Kierkegaard glaubte, dass ein ergebener Wille das Zeichen eines reinen Herzens sei: „Die Reinheit des Herzens besteht darin, eine Sache zu wollen". Das Gegenteil eines reinen Herzens ist die Unbeständigkeit, die sich auch im Willen widerspiegelt. Die Antwort auf die Frage, ob ein völlig geheiligter Mensch jemals wieder sündigen kann, lautet ja. Es ist möglich, aus der Gnade zu fallen, weil man immer die Freiheit hat, auf Gott oder auf die jeweilige Versuchung zu reagieren. Um der Liebe willen liegt die Entscheidung immer bei uns. Doch hier liegt der große Unterschied eines Lebens, das von der Gnade getragen wird: Jetzt haben wir die Kraft, nicht mehr sündigen zu müssen. Durch die Kraft der erhaltenden Gnade können wir Ja zu Gott und Nein zur Versuchung sagen. Unser Glaube wird durch die Kraft Gottes geschützt und durch die Auferstehung Jesu Christi von den Toten mit einer lebendigen Hoffnung beschirmt (1. Petrusbrief 1,3–4).

In einem offenen Bekenntnis gibt Paulus zu, dass die Sünde in der Zeit, bevor der Geist in ihm wohnte, sein Leben so stark beherrschte, dass sie einem Zuchtmeister glich. „Wenn ich Gutes tun will, tue ich es nicht. Und wenn ich versuche, das Böse zu vermeiden, tue ich es doch." (Römerbrief 7,19) Er war in dem Teufelskreis gefangen, etwas nicht tun zu wollen, aber nicht widerstehen zu können, und etwas tun zu wollen, aber es nicht ausführen zu können. „Wer wird mich von diesem Leben befreien, das von der Sünde beherrscht wird?" (7,24). Jetzt, da er in der Kraft des Heiligen Geistes lebt, so Paulus weiter, kann er Ja zu Gott und Nein zur Versuchung sagen. „Gott sei Dank: Jesus Christus, unser Herr! Denn die Macht des Geistes, der Leben gibt, hat dich durch Christus Jesus von der Macht der Sünde befreit, die zum Tod führt." (7,25; 8,2) Ohne den Heiligen Geist ist unser menschlicher Wille schwach und unfähig zu gehorchen; mit dem Heiligen Geist haben wir die Kraft zu gehorchen. Es ist nicht so, dass diejenigen, die geheiligt sind, nie wieder sündigen können, aber sie haben jetzt die Kraft, nicht zu sündigen. Der Unterschied liegt in der erhaltenden Gnade Gottes, die uns vor dem Fallen bewahrt.

Treue gründet im Glauben und in der Fülle. Wesley fügte jedoch hinzu, dass der Heilige Geist unseren Willen stärkt, damit wir „jedes gute Verlangen nach innerer und äußerer Heiligkeit hervorbringen, sei es in Bezug auf unsere Stimmungen, unsere Worte oder unsere Taten".[13]

ERHALTENDE GNADE ALS UMGESTALTUNG DES CHARAKTERS

In seinem ungemein hilfreichen und umfassenden Buch über Nachfolge, *After You Believe*, legt N. T. Wright dar, wie ein christusähnlicher Charakter in Personen und Gemeinden geformt wird. Er bezeichnet es als das lange, aber stetige Wachstum in der Gnade, das als Ergebnis geistlicher Übungen und Gewohnheiten im Leben eines Menschen entsteht und ihn immer mehr in das Ebenbild Jesu Christi verwandelt. Die Autoren der Antike nannten eine solche Charakterbildung „Tugend".

Zu Beginn des Buches erzählt Wright die wahre Geschichte von Chesley Sullenberger, besser bekannt als „Sully". Es war ein Don-

nerstagnachmittag, der 15. Januar 2009, und er schien wie jeder
andere Tag in New York City zu sein. Das Verkehrsflugzeug hob
um 15.26 Uhr in Richtung Charlotte ab. Sully war der Flugkapi-
tän. Er führte alle Routinechecks durch, und alles schien normal
zu sein, bis das Flugzeug nur zwei Minuten nach dem Start in
einen Gänseschwarm krachte. Beide Triebwerke wurden schwer
beschädigt und verloren an Leistung. Das Flugzeug flog in nörd-
licher Richtung über der Bronx, einem der am dichtesten besie-
delten Teile der Stadt. Sully und sein Co-Pilot mussten wichtige
Entscheidungen treffen, und zwar schnell. Das Leben von mehr
als 150 Passagieren und Tausender weiterer Personen am Boden
stand auf dem Spiel.

Die nächstgelegenen kleineren Flughäfen waren zu weit entfernt, und eine Landung auf dem New Jersey Turnpike wäre
eine Katastrophe. Damit blieb ihnen nur noch eine Möglichkeit: die Landung auf dem Hudson River. Nur drei Minuten
vor der Landung mussten Sully und sein Co-Pilot einige lebens-
wichtige Dinge tun, um einen Absturz zu verhindern. (Wright
nennt neun unterschiedliche technische Aufgaben). Bemerkens-
werterweise schafften sie es und landeten mit dem Flugzeug auf
dem Hudson River. Alle stiegen sicher aus, wobei Kapitän Sully
mehrmals im Gang auf und ab ging, um sich zu vergewissern,
dass alle entkommen waren, bevor er selbst das Flugzeug verließ.[14]

Viele sagten, es sei ein Wunder, und in gewisser Weise war es das
sicher auch. Doch worin bestand das Wunder? Denn Wunder
gibt es in vielen verschiedenen Formen. Bestand das Wunder in
Gottes übernatürlich schützender und lenkender Hand? Das ist
durchaus möglich. Es gibt jedoch auch eine andere Sichtweise.
Vielleicht bestand das Wunder in Sullys Tugend, die ihn in die

Lage versetzte, unter gewaltigem Druck mit einer solchen techni-
schen Geschwindigkeit zu reagieren. Wenn die Verwendung des
Wortes „Tugend" auf diese Weise seltsam erscheint, liegt das daran, dass Tugend nicht nur ein anderes Wort für „gut" oder „moralisch" ist. Wright führt aus, dass Tugend im engsten Sinne des
Wortes „das ist, was passiert, wenn jemand tausend kleine Entscheidungen getroffen hat, die Anstrengung und Konzentration
erfordern, um etwas zu tun, das gut und richtig ist, aber nicht
‚natürlicherweise' geschieht – und dann, beim tausend und ersten Mal, wenn es wirklich darauf ankommt, stellt er fest, dass er
das Geforderte sozusagen ‚automatisch' tut".[15]

Mit anderen Worten: Wenn etwas so aussieht, als würde es „einfach so passieren", wird uns klar, dass es nicht „einfach so passiert" ist. Wright hebt hervor, dass das Flugzeug wohl gegen ein
Gebäude geprallt wäre, wenn einer von uns es an jenem Tag
gelenkt und dabei nur das getan hätte, was natürlicherweise geschieht. Tugend, Charakterbildung oder, für unsere Zwecke,
Christusnachfolge – das Wachsen in der Gnade, um Jesus immer ähnlicher zu werden – ist nicht etwas, das natürlicherweise
geschieht; es ist auch das, was geschieht, wenn weise und ver-
nünftige Entscheidungen uns zur zweiten Natur werden. Sully
wurde nicht mit der Fähigkeit geboren, ein Verkehrsflugzeug zu
fliegen, noch wurde er mit den Charaktereigenschaften geboren,
die innerhalb kürzester Zeit zum Vorschein kamen – wie Mut,
eine ruhige Hand, schnelles Urteilsvermögen und die Sorge um
die Sicherheit anderer auf Kosten seiner eigenen. Dies sind erworbene Fähigkeiten und Eigenschaften, die im Laufe der Zeit
gezielt geübt und wiederholt werden müssen – bis sich das, was
sich anfangs seltsam anfühlt, allmählich normal anfühlt, und
das, was sich normal anfühlt, sich so sehr in unseren Köpfen

und unserem Muskelgedächtnis verankert, dass wir reagieren, ohne nachdenken zu müssen. Es wird zur zweiten Natur.

Ich will den Piloten unter meinen Lesern nicht zu nahe treten, aber wenn ich Passagier in diesem trudelnden Flugzeug gewesen wäre, hätte ich nicht gewollt, dass ein Anfänger im Cockpit das tut, was er natürlicherweise tun würde. Hätte er erst das Handbuch herausholen, im Internet nachsehen oder im Gedächtnis kramen müssen, was er in der Pilotenausbildung für einen solchen Notfall gelernt hatte, bevor er auf diese unerwartete Krise reagieren konnte, hätte das Ergebnis ganz anders aussehen können. Wissen allein reicht nicht aus, ebenso wenig wie Mut und Entschlossenheit. Nein, betont Wright nachdrücklich, was in diesem Krisenmoment gebraucht wurde, war die eingeübte Tugend von Handlungsabläufen, die zur zweiten Natur geworden waren – eine Veränderung des Charakters, „geformt durch die spezifischen Stärken, oder ‚Tugenden' des genauen Wissens, wie man ein Flugzeug fliegt".[16] Ich würde hinzufügen, dass es sich nicht um irgendein Flugzeug handelte, sondern um genau dieses Flugzeug – ein Flugzeug, das Sully bis ins kleinste Detail kennengelernt hatte.

Der Gedanke der „zweiten Natur" erregt meine Aufmerksamkeit, insbesondere in Bezug auf Nachfolge, Heiligung und die Entdeckungsreise der Gnade. Kaum jemand würde bestreiten, dass Eigenschaften wie Mut, Ausdauer, Selbstbeherrschung, Weisheit, gutes Urteilsvermögen und Geduld sich bei uns nicht natürlicherweise einstellen. Es handelt sich um Dinge, die wir gelernt haben und die sich in unseren Charakter eingegraben haben, manchmal durch schmerzhafte und schwierige Umstände, aber immer durch den Filter von erlernten Verhaltensweisen. Ein gefestigter Charakter ist – nach dem Neuen Testament und der Definition von Wright – „das Muster von Denken und Handeln, das eine Person durch und durch bestimmt, so dass man, wo immer man in sie hineinschneidet (bildlich gesprochen), durch und durch dieselbe Person sieht".[17]

Das Gegenteil eines gefestigten Charakters ist natürlich Oberflächlichkeit. Viele Menschen können sich auf den ersten Blick als ehrlich, freundlich, positiv und dergleichen darstellen, aber je mehr man sie kennenlernt, desto mehr zeigt sich ihr wahres Gesicht. Solche Menschen haben nur eine gute Fassade. „Wenn sie in eine Krise geraten oder einfach nicht aufpassen, sind sie genauso unehrlich, mürrisch und ungeduldig wie jeder andere."[18] Wo liegt das Problem? Sie tun einfach das, was sie natürlicherweise tun; ihre Selbstwahrnehmung ist ausgeprägt genug, um zu wissen, dass sie sich anders verhalten sollten, aber sie haben sich keine neuen Gewohnheiten angeeignet, die ihnen zur zweiten Natur geworden sind, um gut auf plötzliche Herausforderungen und Enttäuschungen zu reagieren. Der Charakter eines Menschen wird nicht in einer Krise geformt, er offenbart sich darin. Wenn wir keine Zeit zum Nachdenken haben, zeigt sich jedes Mal, wer wir wirklich sind.

H. Ray Dunning hat gezeigt, wie sich einige von Wesleys Ausdrücken aus dem achtzehnten Jahrhundert vom heutigen Sprachgebrauch unterscheiden. Was zum Beispiel unsere Diskussion über den freien Willen betrifft, war „Freiheit" (engl. liberty) der Begriff, den er für die Entscheidungsfreiheit verwendete, während er das Wort „Wille" eher verwendete, um auf das Bezug zu nehmen, was er als „Affektionen" bezeichnete – die Neigungen, die das menschliche Handeln motivieren. Affektionen bezogen sich nicht auf Gefühle, die kommen und gehen, noch wurden sie durch vorübergehende Verhaltensänderungen verändert. Sie hatten mehr mit der tieferen Ebene der Gründe zu tun, warum sich eine Person für bestimmte Entscheidungen oder Handlungen entscheidet. In engem Zusammenhang mit dem Begriff der Affektionen steht Wesleys Verwendung des Wortes „Temperament". . . Bei Wesley hatte der Ausdruck Temperament die Bedeutung von „eine dauerhafte oder gewohnheitsmäßige Gesinnung einer Person".[19] Genauer ausgedrückt, jene menschlichen Affektionen, die durch die Gnadenmittel zu dauerhaften Aspekten des Charakters entwickelt und kultiviert werden, bis sie nicht mehr nur vorübergehend sind, sondern zu dauerhaften und stabilen Tugenden und, wenn sie in gerechter Absicht geschehen, zu „heiligen Temperamenten" werden.

„Heilige Temperamente" war ein häufig verwendeter Ausdruck in Wesleys Lehre über Nachfolge, insbesondere in seinen Überlegungen über die Frucht des Geistes im Galaterbrief. „Wenn dagegen der Heilige Geist unser Leben beherrscht, wird er ganz andere Frucht in uns wachsen lassen: Liebe, Freude, Frieden, Geduld, Freundlichkeit, Güte, Treue, Sanftmut und Selbstbeherrschung." (Galaterbrief 5,22–23) Mehrere Facetten dieses Textes sind hervorzuheben. Zum einen wies Wesley darauf hin, dass es sich bei der Frucht um die Einzahl und nicht um die Mehrzahl („Früchte") handelt. Wäre es der Plural, könnte man versucht sein, sich auf eine „Frucht" zu konzentrieren, so als ob wir uns auf die Treue konzentrieren und die Großzügigkeit ignorieren könnten. Die Frucht als einheitliches Ganzes ist ein Beweis dafür, dass der Geist Gottes am Werk ist. Es geht nicht um unabhängige Merkmale. Im Zuge unseres Wachstums wirken alle neun Kennzeichen der Frucht zusammen, um ein attraktives Bild davon zu zeichnen, wie es aussieht, wenn der Heilige Geist die Kontrolle über ein Gott geweihtes Leben hat. N. T. Wright weist darauf hin, dass Paulus „keine Spezialisierung vorsieht".[20] So wie

man einen Pfirsichbaum an den Früchten erkennt, die er hervorbringt, so erkennt man einen Christen an der Frucht des Geistes
– an den heiligen Temperamenten, die sich im Leben eines Menschen zeigen. Es überrascht nicht, dass Wesley hinzufügt, dass
die Liebe am Anfang der Liste der heiligen Temperamente steht,
weil alle neun Ausdruck der Liebe sind. Dennoch werden sich
im Verlauf der Entdeckungsreise der Gnade alle Eigenschaften
Christi in unserem Leben manifestieren.

Für den Weg der Gnade ist es vielleicht am wichtigsten zu verstehen, dass diese heiligen Temperamente nicht sofort erfahren
werden. Stattdessen erklärt Randy Maddox: „Gottes erneuernde (rettende) Gnade erweckt in den Gläubigen die ‚Samen' solcher Tugenden. Diese Samen werden dann stärker und nehmen
Gestalt an, wenn wir ‚in der Gnade wachsen'. Angesichts der
Freiheit erfordert dieses Wachstum eine verantwortungsvolle
Zusammenarbeit, denn wir könnten stattdessen Gottes gnädige
Befähigung vernachlässigen oder unterdrücken".[21] Es gibt so viel,
was man aus Maddox' Erklärung herauslesen kann. Der Haupt-
gedanke darf jedoch nicht übersehen werden: Die Tugend muss
gepflegt werden, um zu wachsen.

Durch Gottes Gnade werden wir in einem Augenblick gerettet
und geheiligt, und wir werden befähigt, den Weg zur Christusähnlichkeit einzuschlagen – die Saat der Gerechtigkeit ist
gesät. In einem atemberaubenden Akt der Gnade wird uns die
Freiheit geschenkt, ein Leben in Sünde und Eigennutz zu verlassen, damit wir Gott mit ganzem Herzen, ganzer Seele, ganzer
Kraft und ganzem Verstand lieben können. Dennoch werden
die drei bleibenden Tugenden Glaube, Hoffnung und Liebe
(1. Korintherbrief 13,13) und die neunfache Vielfalt der Frucht,
die aus einem geisterfüllten Leben hervorgeht, sowohl geschenkt

als auch kultiviert. Die Frucht des Geistes taucht nicht plötzlich auf, und sie wächst auch nicht, wie Wright richtig feststellt, „automatisch". Es gibt zweifelsohne erste vielversprechende Anzeichen dafür, dass die Frucht unterwegs ist. „Viele neue Christen, besonders wenn sie eine plötzliche Bekehrung mit einer dramatischen Abkehr von einem Lebensstil voller ‚Werke des Fleisches' erlebt haben, berichten von ihrem eigenen Erstaunen über das sich in ihnen regende Verlangen, zu lieben, zu vergeben, sanftmütig und rein zu sein. Woher, so fragen sie, kommt das alles? Früher war ich nicht so. Das ist wunderbar und ein sicheres Zeichen dafür, dass der Geist wirkt."[22]

Diese unglaublichen „Gemüts"-Veränderungen sind ein reines Gnadengeschenk. Der neue Christ darf jedoch nicht passiv werden. Er muss das sichtbar machen, was Gott in ihm wirkt. Dieselbe Gnade, die diese „Gemüts"-Veränderungen ermöglicht hat, muss nun zu „heiligen Temperamenten" werden, die durch neue Gewohnheiten und erworbene Praktiken kultiviert werden. Auch diesen Punkt bringt Wright mit einem treffenden Vergleich der Nachfolge auf den Punkt: „Diese [neuen Wünsche] sind die Blüten; um die Früchte zu erhalten, muss man lernen, ein Gärtner zu sein. Man muss herausfinden, wie man pflegt und beschneidet, wie man das Feld bewässert, wie man die Vögel und Eichhörnchen fernhält. Man muss auf Fäulnis und Schimmel achten, Efeu und andere Parasiten entfernen, die das Leben aus dem Baum saugen, und sicherstellen, dass der junge Stamm auch bei starkem Wind standfest ist. Erst dann werden die Früchte erscheinen."[23]

Die Blüten sind sicherlich ein Zeichen: „Christus lebt in euch! Darin liegt eure Hoffnung: Ihr werdet an seiner Herrlichkeit teilhaben" (Kolosserbrief 1,27), aber um die eigentliche Frucht eines reifen, christusähnlichen Charakters zu erhalten, müssen wir zu Gärtnern werden. Die Saat muss nun beginnen, Früchte zu tragen. Ein ergebenes Gemüt führt zu „heiligen Temperamenten", zu einer neuen Gesinnung, die zu einem christusähnlichen Denken und Handeln führt, das wie eine zweite Natur zu funktionieren beginnt.[24] „Darin wird mein Vater verherrlicht, dass ihr viel Frucht hervorbringt und meine Jünger werdet." (Johannes 15,8) Die Blüten werden zu Früchten, die Samen zu Tugenden. Die energiespendende Kraft Gottes wird zur Gnade, die uns erhält.

LASTER UND TUGEND

Paulus ermahnt die Christen in Korinth: „Prüft euch, ob euer Glaube echt ist. Prüft euch selbst. Wenn ihr nicht sagen könnt, dass Jesus Christus unter euch ist, habt ihr die Prüfung nicht bestanden." (2. Korintherbrief 13,5) In seinem gewohnt scharfsinnigen Stil bietet Eugene Peterson eine treffende Umschreibung: „Prüft euch, um sicherzustellen, dass ihr fest im Glauben steht. Lasst euch nicht treiben und nehmt nicht alles als selbstverständlich hin. Untersucht euch regelmäßig. Ihr braucht einen Beweis aus erster Hand, nicht nur vom Hörensagen, dass Jesus Christus in euch ist. Überprüft es. Wenn ihr die Prüfung nicht besteht, dann tut etwas dagegen." (Verse 5–9)

Regelmäßige Gesundheitschecks sind immer besser als ein Herzinfarkt oder Schlaganfall. Ein Problem, das früh genug erkannt wird, ist oft behandelbar. In ähnlicher Weise kann die Einhaltung eines Wartungsplans für teure Maschinen in der Regel einen katastrophalen Ausfall verhindern. In der gesamten biblischen

Geschichte galten vierzigtägige Perioden als Zeiten der Vorbereitung, der Reinigung und der geistlichen Bestandsaufnahme.[25] Man könnte argumentieren, dass die Erweckungsversammlungen und Konferenzen in der Heiligungtradition die Funktion von gemeinschaftlichen und individuellen Gesundheitschecks haben. Wie Paulus den Korinthern sagte, erfordert geistliches Wachstum geistliche Gesundheit. Gemäß dem Rat des Paulus bestand Wesley darauf, dass sich die Gläubigen in kleinen Gruppen („Klassenversammlungen", wie er sie nannte) treffen sollten, um die Disziplin der geistlichen Gesundheitschecks zu üben.

Was sind die Warnzeichen einer geistlichen Herzerkrankung? Diese Warnzeichen wurden von der Kirche im sechsten Jahrhundert klassifiziert und als „Todsünden" oder „Hauptsünden" bezeichnet. So wie ein hoher Cholesterinspiegel ein Warnzeichen vor einer Herzerkrankung ist, und ein Flackern anzeigt, dass die Glühbirne kaputt geht, so sind diese Zeichen Hinweise auf ungesunde Tendenzen in unserer Nachfolge, die, wenn sie nicht behandelt werden, zum geistlichen Tod führen. Das historische Verständnis des Lasters in der Kirche – gemeinhin als „die sieben Todsünden" bezeichnet – ist umfassender und schließt mehr als sieben ein:

Hochmut: wenn das Ich an die Stelle Gottes als Mittelpunkt und Hauptziel des eigenen Lebens gesetzt wird; die Weigerung, die eigene Stellung als von Gott abhängiges Geschöpf anzuerkennen.

Ehrfurchtslosigkeit: bewusste Vernachlässigung der Anbetung Gottes oder Zufriedenheit mit der oberflächlichen Teilnahme daran; offenkundiger Zynismus gegenüber dem Heiligen oder das Nutzen des Christentums für den persönlichen Vorteil.

Sentimentalität: sich mit frommen Gefühlen und schönen Zeremonien begnügen, ohne Streben nach persönlicher Heiligung; kein Interesse daran, sein Kreuz zu tragen oder persönliche Opfer zu bringen; eine größere Vorliebe für emotionale Spiritualität als für opferbereiten Einsatz.

Misstrauen: Weigerung, Gottes Weisheit und Liebe anzuerkennen; unangemessene Sorgen, Ängste, Skrupel oder Perfektionismus; Versuche, durch Spiritualismus, unangemessene Ängstlichkeit oder Feigheit die Kontrolle über das eigene Leben zu gewinnen oder zu behalten.

Ungehorsam: Ablehnung des bekannten Willens Gottes; Weigerung, das in der Heiligen Schrift offenbarte Wesen Gottes zu erkennen; Vertrauensbruch durch Verantwortungslosigkeit, Verrat und unnötige Enttäuschung anderer; Bruch rechtlicher oder moralischer Verträge.

Unbußfertigkeit: Weigerung, die eigenen Sünden anzuerkennen und sich ihnen zu stellen oder sie vor Gott zu bekennen; Selbstrechtfertigung, indem man die eigenen Sünden für unbedeutend, natürlich oder unvermeidlich hält; Weigerung, sich zu entschuldigen und sich mit dem Nächsten zu versöhnen, oder Nichtbereitschaft, sich selbst zu vergeben.

Eitelkeit: Unterlassen, Gott und anderen für ihren Beitrag zum eigenen Leben Anerkennung zu zollen; Prahlerei, Übertreibung und protziges Verhalten; übermäßige Sorge um „Dinge".

Überheblichkeit: Anmaßend und streitlustig sein; rechthaberisch und stur sein.

Missgunst: Ablehnen von Talenten, Fähigkeiten oder Möglichkeiten, die Gott und andere uns für unser Wohlergehen anbieten; Rebellion und Hass gegenüber Gott oder anderen; Zynismus.

Neid: Unzufriedenheit mit unserem Platz in Gottes Schöpfungsordnung; äußert sich in Eifersucht, Bosheit und Verachtung für andere oder die „Dinge" anderer.

Habsucht: die Weigerung, die Integrität anderer Lebewesen zu respektieren, die sich in der Anhäufung materieller Dinge äußert, um den eigenen Wert zu beweisen; die Ausnutzung anderer zum eigenen Vorteil; das Streben nach Status und Macht auf Kosten anderer.

Gier: die Verschwendung natürlicher Ressourcen oder persönlicher Besitztümer; Extravaganz oder Leben über die eigenen Verhältnisse; äußert sich in übermäßigem Ehrgeiz oder Beherrschung anderer und unangemessenem Schutz der eigenen „Dinge"; Geiz; Habgier.

Völlerei: übermäßiger Genuss von Speisen und Getränken; übermäßiges Streben nach Vergnügen und Komfort; äußert sich in Unmäßigkeit und Disziplinlosigkeit.

Lust: Missbrauch von Sex; schließt mangelnde Keuschheit und Unanständigkeit, Prüderie und Grausamkeit ein; erkennt die Ehe nicht als die von Gott gewollte Beziehung für Sexualität an.

Faulheit: die Weigerung, die eigenen Möglichkeiten für Wachstum, Dienst und Opfer zu nutzen; schließt Faulheit bei geistlichen, mentalen oder körperlichen Pflichten ein; Vernachlässigung der Familie; Gleichgültigkeit gegenüber Ungerechtigkeit oder den leidenden Menschen der Welt; Vernachlässigung der Bedürftigen, Einsamen und Unbeliebten.

Die Warnzeichen können subtil, aber gefährlich für die Seele sein. Wenn wir körperlich gesund werden wollen, ändern wir bestimmte Lebensgewohnheiten und stellen unsere Ernährung um – gelegentlich sind Medikamente erforderlich, um das zu ergänzen oder auszugleichen, was unser Körper nicht selbst produzieren kann. Wenn wir bessere Früchte in unserem Garten ernten wollen, streuen wir Dünger und beschneiden die Pflanzen hin und wieder. In Wahrheit geht es sowohl unserem Körper als auch unserem Garten langfristig besser, wenn wir nicht versuchen, für jedes Problem eine schnelle Lösung zu finden. Regelmäßige und kontinuierliche Instandhaltung ist zu bevorzugen. Das Leben in der Nachfolge funktioniert genauso. Allerdings kann man sich nicht einfach von bestimmten ungesunden Mustern trennen, ohne sie durch etwas anderes, Besseres zu ersetzen. Das aktuell vorhandene Schlechte muss durch etwas Gutes verdrängt werden, das stärker ist. Jeder, der sich auf dem Weg zur Genesung von einer Sucht befindet, wird Ihnen sagen, dass etwas die Abhängigkeit ersetzen muss. Eine höhere, geistliche Leidenschaft muss die niedrigere, sündige Leidenschaft verdrängen. Ebenso brauchen wir ein regelmäßiges Instandhaltungsprogramm, um auf unserem Weg der Gnade fit zu bleiben – einen regelmäßigen, systematischen Ansatz, um unsere Nachfolge auf dem höchsten Leistungsniveau zu halten.

Was ist das Gute, das die Todsünden verdrängt? Was ist der Instandhaltungsplan der erhaltenden Gnade? Das Neue Testament bezeichnet das die Laster verdrängende Gute als die Frucht des Geistes – jene lebensspendenden Tugenden, die die niederen Instinkte unseres Fleisches verdrängen. Der regelmäßige, systematische Instandhaltungsplan wird als geistliche Disziplinen bezeichnet. Profisportler laufen Runden, dehnen sich und stemmen Gewichte – nicht zum Spaß oder aus Langeweile, sondern weil sie ein Ziel erreichen wollen. Geistliche Gesundheitschecks müssen keine großen oder invasiven Eingriffe sein. Sie können Wellness-Checks sein. Die Medizin des verdrängenden Guten ist die Frucht des Geistes; der Plan zur Erhaltung der Gesundheit, um unsere Empfänglichkeit für das Wirken Gottes zu verbessern, sind die geistlichen Disziplinen. Sie sind wesentliche Elemente der erhaltenden Gnade.

Disziplin als Gnadenmittel

Der Schreiber des Hebräerbriefs bestätigt die Bedeutung der geistlichen Disziplin[26]: „Keine Strafe [Disziplinierung] ist angenehm, und während wir sie erleiden, ist sie immer schmerzlich! Doch danach werden diejenigen, die auf diese Weise geformt werden, inneren Frieden und ein Leben in der Gerechtigkeit gewinnen." (12,11) Disziplin kann einen negativen Beigeschmack haben, wenn sie als Bestrafung für Fehlverhalten angesehen wird. Doch wie der Hebräerbrief bestätigt, gibt es auch so etwas wie Disziplin, um zu schützen oder zu stärken. Dies ist der Aspekt der Disziplin, auf den sich der Hebräerbrief bezieht. „Wenn ihr Schweres ertragen müsst, dann erkennt darin die Zurechtweisung [Disziplinierung] Gottes; denkt daran, dass Gott euch als seine Kinder behandelt. Wer hätte je von einem Sohn gehört, der nie bestraft [diszipliniert] wurde? Wenn Gott euch nicht zurechtweist [diszipliniert], wie er es doch bei allen Menschen tut, dann heißt das, dass ihr nicht seine rechtmäßigen Kinder seid." (12,7–8)

Zwei Dinge sind zu beachten: (1) der Autor konnte sich keine Kinder vorstellen, die nicht von der elterlichen Disziplinierung profitieren; (2) der Autor stellt sich die Disziplinierung als eine Form der heiligen Liebe vor. Ein Kind zu lieben, schließt Disziplin ein. Es ist keine Bestrafung, wenn man einem Kind die Pizza um Mitternacht verweigert, eine Zeit vereinbart, zu der das Kind zu Hause sein muss oder ihm verwehrt, auf Netflix zu schauen, was es will. Kluge Eltern wissen, dass dies keine Strafe ist, sondern eine Vorbereitung auf die Zukunft des Kindes. Es mag sich für das Kind ungerecht, ja sogar grausam anfühlen, aber es kommt der Tag, an dem es lernt, die Grenzen zu schätzen, die ihm von liebenden Eltern gesetzt wurden, um es zu schützen und ihm zu helfen, sich zu einem verantwortungsvollen, gesunden Erwachsenen zu entwickeln. Auf ähnliche Weise diszipliniert uns Gott auf dem Weg der Heiligung. Es mag in dem Moment nicht angenehm erscheinen, aber es pflanzt die Saat für die friedliche Frucht eines rechtschaffenen Lebens, und – das darf man nicht übersehen – wir müssen darin trainiert werden.

E. Stanley Jones sagte weise: „Man kann das Heil nicht durch Disziplinen bekommen – es ist ein Geschenk Gottes. Man kann es jedoch ohne Disziplinen nicht behalten".[27] Was die Charakterbildung betrifft, so wird Augustinus zugeschrieben, dass er Tugend als „eine gute Gewohnheit, die mit unserer Natur übereinstimmt" definiert. Darüber hinaus führt Jones die einfachen Gewohnheiten Jesu als Beispiel für einen Menschen an, der völlig von Gott abhängig war und in seinen Gewohnheiten persönlich diszipliniert war: „Er tat drei Dinge aus Gewohnheit: (1) ,Er

stand auf, um zu lesen, wie es seine Gewohnheit war' – er las das
Wort Gottes aus Gewohnheit. (2) ‚Er ging hinaus auf den Berg,
um zu beten, wie es seine Gewohnheit war' – er betete aus Gewohnheit. (3) ‚Er lehrte sie wieder, wie es seine Gewohnheit war'
– er gab das, was er hatte und was er gefunden hatte, aus Gewohnheit an andere weiter. Diese einfachen Gewohnheiten waren die Grundlage seines Lebens."[28] Heilige Gewohnheiten formen gesunde Nachfolger. Um auf Wesleys Vorstellung von heiligen Temperamenten zurückzukommen, so glaubte er, dass sie
sich in den Christen herausbilden, wenn sie durch gewohnheitsmäßige Praktiken, die er „Gnadenmittel" nannte – auch bekannt
als geistliche Disziplinen – am Gemeindeleben teilnehmen. Gnadenmittel sind Kanäle der verwandelnden Gnade Gottes – jene
Aktivitäten, die das Wirken Gottes auf der Entdeckungsreise der
Gnade zu uns leiten.

Für Wesley wurden diese Mittel durch das vermittelt, was er Werke der Frömmigkeit und Werke der Barmherzigkeit nannte. Werke der Frömmigkeit sind in erster Linie das, was wir tun, um
unsere persönliche Beziehung zu Christus zu stärken. Werke der
Barmherzigkeit haben mit unserem Engagement für den Dienst
und die Mission Gottes in der Welt zu tun. Sowohl die Werke der
Frömmigkeit als auch die Werke der Barmherzigkeit haben eine
individuelle Komponente (das, was man allein tun kann) und
eine gemeinschaftliche Komponente (das, was mit Hilfe anderer
getan werden muss).

Zu den individuellen Werken der Frömmigkeit gehören das
Nachdenken über die Heilige Schrift, das Gebet, das Fasten, die
Weitergabe des Glaubens an andere (Evangelisation) und das
großzügige Geben unserer Mittel. Zu den gemeinschaftlichen
Werken der Frömmigkeit gehören der gemeinsame Gottesdienst,

die Teilnahme an den Sakramenten des Heiligen Abendmahls und der christlichen Taufe, die gegenseitige Rechenschaftspflicht (auch bekannt als „christliche Zusammenkünfte"), das Bibelstudium und die Predigt. Noch einmal: Wir führen diese religiösen Veranstaltungen nicht nur durch, weil wir Christen sind, sondern auch, weil sie „vom Geist durchdrungene Praktiken sind, die eure Liebe reformieren und neu entfachen werden ... prägende Praktiken, mit Ritualen, die den geistlichen Hunger stärken, und Liturgien, die die Liebe formen", denn durch diese Praktiken lernen wir, Christus anzuziehen. (siehe Kolosserbrief 3,12–16).[29]

SAKRAMENTE ALS GNADENMITTEL

Für die Entdeckungsreise der Gnade sind einige Ausführungen zur Wichtigkeit der Sakramente hilfreich. Das Wort „Sakrament" stammt aus dem Lateinischen und bedeutet „heiligen, weihen" oder „heilig machen", was wiederum vom griechischen Wort für „Geheimnis" abgeleitet ist. Alle diese Bedeutungen zusammengenommen, ist ein Sakrament „ein heiliges Geheimnis". John Wesley entlehnte seine Definition des Begriffs „Sakrament" dem Katechismus des anglikanischen Gebetbuchs (der die knappe Definition von Augustinus aufgreift), wobei er sie im Interesse größerer Klarheit leicht abwandelte: „Ein äußeres Zeichen einer inneren Gnade und ein Mittel, durch das wir diese empfangen."[30] N. T. Wright kombiniert den Gedanken des heiligen Geheimnisses und der Mittel und beschreibt die Sakramente als „jene Gelegenheiten, bei denen das Leben des Himmels auf geheimnisvolle Weise das Leben der Erde kreuzt".[31] Einige christliche Traditionen kennen mehr Sakramente als andere. Protestanten befürworten in der Regel zwei: die Taufe und die Eucharistie (auch Abendmahl oder Herrenmahl genannt).[32]

John Wesley ermutigte nachdrücklich dazu, „an allen Ordnungen (geistlichen Disziplinen) sorgfältig teilzunehmen", [33] besonders aber an der Eucharistie. Er bezeichnete sie als „den großen Kanal", durch den uns die Gnade vermittelt wird, und bezeichnete die Teilnahme am Abendmahl sogar als ersten Schritt beim Sichtbarmachen unserer Erlösung.[34] Diese dynamische Sichtweise beruhte auf seiner Überzeugung, dass das Abendmahl mehr ist als ein symbolisches Gedenken an den Tod Christi, sondern dass die wirkliche Gegenwart Christi durch den Heiligen Geist erfahren wird, wenn man das Abendmahl empfängt.[35] Dies veranlasste Wesley zu zwei schwerwiegenden Schlussfolgerungen. Erstens: Da dabei gegenwärtige Gnade für ein bevollmächtigtes christliches Leben gewährt wird, sollte das Abendmahl so oft wie möglich empfangen werden. Zweitens: Da die Gegenwart des Heiligen Geistes im Abendmahl der jederzeit verfügbaren rettenden, heiligenden und erhaltenden Gnade Gottes entspricht, könnte es als „Bekehrungsritus"[36] – eine Person mit einem bußfertigen Herzen könnte gerettet werden – und als Mittel zur Förderung der Heiligung betrachtet werden. Dieser hohe Stellenwert des Abendmahls veranlasste den Nazarener-Theologen Rob Staples, die Eucharistie als „Sakrament der Heiligung" zu bezeichnen.[37]

Die Taufe ist viel mehr als ein einfaches Ritual oder ein öffentliches Zeugnis. Sie bedeutet unser Sterben und Auferstehen mit Christus. „Denn durch die Taufe sind wir mit Christus gestorben und begraben. Und genauso wie Christus durch die herrliche Macht des Vaters von den Toten auferstanden ist, so können auch wir jetzt ein neues Leben führen." (Römerbrief 6,4) Man driftet nicht in das Reich Gottes hinein – schließlich muss man der Sünde und sich selbst sterben und zu neuem Leben auferstehen.[38] Die Taufe markiert diesen Moment. „Die Taufe macht es glasklar deutlich, dass es im christlichen Leben darum geht, das Zeichen des Kreuzes anzunehmen, am Kreuz teilzuhaben, das Kreuz auf sich zu nehmen und Jesus nachzufolgen."[39] Wesley nahm die Taufe in keine seiner formalen Listen der Gnadenmittel auf, aber nicht, weil er die Taufe abwertete, sondern wegen ihrer Rolle als Aufnahmehandlung in die Gemeinschaft des Glaubens und als einmaliges Ereignis im Leben eines Gläubigen. So markierte die Taufe für Wesley den Beginn des Lebens der Heiligung, während Wesley die anderen Gnadenmittel als notwendige Wiederholungen für das ständige Streben nach Heiligung ansah.[40] In vielen Punkten seiner Auffassung von der Taufe stimmte Wesley mit den englischen Reformatoren überein, aber in zwei wesentlichen Punkten wich er von ihnen ab. Laut Maddox hatte „die gnädig bevollmächtigte Verwandlung unseres Lebens" für Wesley einen höheren Stellenwert als der Zuspruch unserer „juristischen Vergebung (eine Betonung der Schuld und der Notwendigkeit der Vergebung)". Dies ist ein wichtiger Unterschied, denn er bedeutet, dass die Taufe nicht nur ein Zeichen dafür ist, dass unsere Sünden vergeben sind, sondern auch, dass wir von unserer sündigen Natur und dem Gebrochensein, das die Sünde uns zugefügt hat, geheilt werden.[41] Für Wesley ist die Gnade der Taufe zwar „ausreichend, um das christliche Leben zu beginnen", doch muss der Mensch verantwortungsvoll mit der gegebenen Gnade umgehen, damit die Gnadenmittel ihre volle Wirkung entfalten können.[42] In diesem Sinne ist die Taufe ein Zeichen und Symbol für die Bereitschaft, sich voll und ganz auf das einzulassen, was für ein heiliges Leben notwendig ist.

Paul Bassett, ein Historiker und Gelehrter aus der Kirche des Nazareners, erzählte mir einmal, dass die früheste aufgezeichnete Taufliturgie aus dem späten vierten Jahrhundert die Handauflegung und das Aussprechen der Worte durch den Amtsträger beinhaltete (meine Umschreibung): „Und nun empfange die Gnade und Heilung unseres Herrn Jesus Christus, und die Kraft des Heiligen Geistes wirke in dir, damit du, aus Wasser und Geist geboren, ein treuer Zeuge seist." Kurz gesagt: Ich habe Gnade empfangen; ich werde geheilt; ich werde ein Nachfolger Jesu sein.

Verantwortungsvolle Beziehungen

Jede Erörterung über die erhaltende Gnade im Leben der Nachfolge wäre unvollständig, insbesondere für Menschen der wesleyanischen Heiligungstradition, ohne einen Hinweis auf die Bedeutung von geistlich verantwortungsvollen Beziehungen. Wesley entwickelte einen praktischen Rahmen, der seiner Meinung nach für jeden wachsenden Christen notwendig war. Da er die Neigung zur Selbstbezogenheit (die zu einem Mangel an Selbstwahrnehmung führt) und die hartnäckige Versuchung erkannte, ein isoliertes Leben zu führen, führte Wesley fünf Stufen dessen ein, was er „christliche Zusammenkünfte" nannte. Dabei handelte es sich um Gesellschaften (ähnlich wie Sonntagsschulklassen, die der christlichen Erziehung und Unterweisung dienen), Klassenversammlungen (dazu später mehr), Banden (Kleingruppen), Auswahlgesellschaften (Entwicklung von Führungskräften und Mentoring) und Bußgruppen (Genesungsgruppen).

Während alle Ebenen christlicher Zusammenkünfte als Gnadenmittel nützlich waren, kam Wesley zu der Überzeugung, dass die
Klassenversammlungen das Herz der christlichen Gemeinschaft
und für das Wachsen in der Christusähnlichkeit von entschei-
dender Bedeutung waren. Sie wurden zur „Methode" der me-
thodistischen Bewegung und waren nach Meinung der meisten
Fachleute Wesleys größter organisatorischer Beitrag zum Leben
der Heiligung. Ihr Hauptaugenmerk lag nicht so sehr auf der
christlichen Weiterbildung, sondern vielmehr auf Verhaltensweisen, wobei der Schwerpunkt auf der praktischen Gestaltung und
dem Umfeld lag, das sich am besten für die geistliche Umgestaltung eignet. Bibelstudium und Lehre waren wichtig, aber sie waren den Gesellschaften vorbehalten. In den Klassenversammlungen wurden Fragen zu den geistlichen Fortschritten der einzelnen Mitglieder gestellt. Sie waren dort, um sich gegenseitig in die
Augen zu schauen und die Frage zu stellen: „Wie geht es deiner
Seele?" Sie sollten sich gegenseitig Rechenschaft über das Wachstum in der Gnade ablegen und einander die nötige Ermutigung
bieten, um sich gegenseitig zur Heiligkeit des Herzens und des
Lebens anzuspornen.[43]

Der bekannteste protestantische Prediger des achtzehnten Jahrhunderts war nicht John Wesley. Diese Bezeichnung gehörte einem anderen Engländer, George Whitefield. Als wortgewandter
und dynamischer Prediger galt Whitefield in der gesamten westlichen Welt als die Stimme des Protestantismus und war einer der
Hauptakteure des „Great Awakening" in Nordamerika.[44] Wesley und Whitefield waren eng befreundet, und jeder bewunderte
den Beitrag des anderen zur Stärkung der Kirche. Dennoch blieb
am Ende Wesleys Werk bestehen und nicht das von Whitefield.
Adam Clarke, ein jüngerer Zeitgenosse Wesleys, schrieb die blei-

benden Früchte der wesleyanischen Erweckung direkt den Klassenversammlungen zu.

> Aus langjähriger Erfahrung weiß ich, dass der Rat von Mr. Wesley richtig ist: „Richtet überall, wo ihr predigt, Klassenversammlungen ein und habt aufmerksame Zuhörer; denn wo wir gepredigt haben, ohne es zu tun, ist das Wort wie Samen am Wegesrand gewesen." Durch dieses [Gnaden-]Mittel wurden wir in die Lage versetzt, auf der ganzen Welt lebensfähige und heilige Kirchen zu gründen. Mr. Wesley erkannte die Notwendigkeit dafür von Anfang an. Mr. Whitefield ... hat diesen Rat nicht befolgt. Was war die Folge? Die Frucht von Mr. Whitefields Arbeit starb mit ihm. Die von Mr. Wesley bleibt und vermehrt sich.[45]

Als Antwort auf eine Frage nach den Auswirkungen der wesleyanischen Erweckung sagte Whitefield selbst später Folgendes: „Mein Bruder Wesley hat weise gehandelt; die Seelen, die unter seinem Dienst erweckt wurden, hat er in Klassenversammlungen zusammengeführt und so die Früchte seiner Arbeit erhalten. Das habe ich vernachlässigt, und meine Leute gleichen einem Seil aus Sand."[46]

Nachfolge kann persönlich sein, aber sie darf nicht privat sein. Isolierte Christen sind in Gefahr, denn ein isolierter Glaube bringt schwache und unfruchtbare Nachfolger hervor. Gemeinsame Gottesdienste und christliche Weiterbildung sind nützlich und notwendig, doch ohne ein gemeinsames Leben in liebevollen und innigen Beziehungen, verbunden mit der Anwendung der erworbenen Kenntnisse, werden wir uns schwertun, „das sichtbar zu machen, was Gott in uns wirkt." (Philipperbrief 2,12) Das Geheimnis für ein gesundes und glückliches Wachstum in der Gnade liegt in Wesleys wiederholter Formulierung „in Liebe aufeinander aufpassen".[47]

Die Gnade der Selbstbeherrschung

Lernen zu beten, Fasten, Bibellesen, Nachdenken, Studieren, Einfachheit, Einsamkeit, Unterordnung, Dienst, Bekenntnis, Anbetung und Rechenschaftspflicht in der Beziehung sind alles Beispiele für Gnadenmittel. Diese und andere geistliche Disziplinen sind ein wesentlicher Bestandteil der erhaltenden Gnade.

Sie könnten sagen: „Ich habe nicht das Zeug dazu!" Willkommen im Club. Tatsache ist, dass anfänglich niemand das Zeug dazu hat. Diese Dinge sind nicht glamourös und erfordern harte Arbeit und ständige Übung. Nicht vergessen: Mit Hilfe des Geistes wird unsere alte Natur in eine neue verwandelt, bis das, was früher nicht natürlich war, zur zweiten Natur wird, und „bis Christus euer Leben prägt" (Galaterbrief 4,19). Vielleicht ist das der Grund, warum die Selbstbeherrschung als letztes Merkmal der Frucht des Geistes aufgeführt wird. Selbstbeherrschung ist notwendig, denn die Frucht kommt nicht von selbst. Die Blüten zeigen die ersten Anzeichen von Potenzial, aber ohne angemessene Konzentration und bewusste Aufmerksamkeit ist es unwahrscheinlich, dass die Früchte reifen werden.

Wright weist ganz sachlich darauf hin, dass einige Früchte simuliert werden können: „Alle Merkmale der Frucht, die Paulus hier erwähnt, sind vergleichsweise leicht zu fälschen, vor allem bei jungen, gesunden, glücklichen Menschen – außer Selbstbeherrschung. Wenn sie nicht vorhanden ist, lohnt sich immer die Frage, ob das Erscheinen der anderen Merkmale nichts weiter ist als Schein und nicht ein echtes Zeichen für das Wirken des Geistes."[48] Kein Wunder also, dass die Selbstbeherrschung die Grundlage für das entschlossene Bemühen um ein Leben der Heiligung bildet.

Unzählige Parasiten und wuchernde Sträucher drohen den fruchttragenden Baum zu ersticken, zahlreiche Nager knabbern gerne die Wurzeln an oder holen sich die Früchte vor der Reife. Es braucht eine bewusste Entscheidung des Verstandes, des Herzens und des Willens, all diesen Feinden den kompromisslosen Kampf anzusagen. Nur weil Sie „im Geist leben" heißt noch lange nicht, dass Sie den Anweisungen des Geistes automatisch folgen. Sie müssen sich dafür entscheiden. Und das können Sie.[49]

Erhaltende Gnade: geistlich und praktisch

Erhaltende Gnade ist sowohl geistlich als auch praktisch. Sie ist geistlich, weil sie ohne den Geist nicht auskommt. So wie die physische Frucht das natürliche Produkt eines Lebewesens ist, so ist die geistliche Frucht das Produkt des Heiligen Geistes. Wir können das tiefe Wirken Gottes in uns durch die Kraft des Hei-

ligen Geistes nicht selbst herbeiführen – es ist etwas, das von
außen kommt und als solches ein reines Geschenk ist. Aber sie
ist auch praktisch – ganz einfach, weil sie Praktiken erfordert.
Diese Praktiken gleichen der Gartenarbeit, damit das, was in uns
begonnen hat, „vollendet wird" (Philipperbrief 1,6) und „rei-
che Frucht trägt" (Philipperbrief 1,11). Kein Landwirt, der am
Montag Mais pflanzt, erwartet, dass er am folgenden Sonntag
Maiskolben essen kann. Von der Saat bis zur Ernte braucht es
Zeit und Pflege. Wasser und Sonnenlicht sind notwendig, es
muss gedüngt und Unkraut gejätet werden, wenn wir in den
Genuss der Früchte kommen wollen.

Wir leben in einer Instant-Kultur: Instantkaffee, Popcorn aus
der Mikrowelle und superschnelles Internet. In Cafés schreien
die Leute ihre Laptops an, wenn sie mehr als ein paar Sekunden
brauchen, um eine Wi-Fi-Verbindung herzustellen. Die Erwartung, alles sofort zu bekommen, macht alle ungeduldig. Woher
kommt sie? Ich behaupte, dass sie durch ein tieferliegendes Verlangen nach sofortiger Befriedigung genährt wird, das kein modernes Phänomen ist, sondern die Menschheit schon seit sehr
langer Zeit begleitet. In der Heiligen Schrift gibt es viele Beispiele für das tödliche Virus der sofortigen Befriedigung, doch Esau
– der mit dem Erstgeburtsrecht – bietet wohl das berüchtigtste.
Er begründete seinen traurigen Ruf nach einem langen und er-
folglosen Tag auf der Jagd. Als er nach Hause zurückkam, war er
ausgehungert. Sein listiger Zwillingsbruder Jakob kochte gerade
einen Linseneintopf über dem Feuer. Esau wollte davon essen.
Eiskalt berechnend, schlug Jakob ihm einen Deal vor: „Verkaufe
mir zuerst dein Erstgeburtsrecht" (Genesis 25,31).

Das Erstgeburtsrecht (auch als Primogeniturgesetz bekannt)
war eine Regelung der Erbschaft, die dem ältesten männlichen

Kind finanzielle Privilegien und familiäre Autorität garantierte
– ein prestigeträchtiger und lukrativer Segen. Dass Jakob Esau
vorschlug, einen so wertvollen Besitz für einen Teller Suppe zu
verkaufen, war ungeheuerlich. Doch Esaus Antwort war ebenso
ungeheuerlich: „Ich muss ja sowieso einmal sterben; was nützt
mir da mein Erstgeburtsrecht?" (25,32). Er war bereit, seinen
wertvollsten Besitz für einen Moment der sofortigen Befriedigung einzutauschen – für eine Schüssel Eintopf.

Die Ironie ist nicht zu übersehen. Welch impulsiver Mensch
muss man sein, um etwas von unendlichem und unschätzbarem
Wert für einen Moment der sofortigen Befriedigung einzutauschen, der in wenigen Augenblicken vorbei ist? Doch unsere
Kultur der sofortigen Befriedigung tut dies ständig: Sie tauscht
etwas von unendlichem und unschätzbarem Wert gegen etwas
ein, von dem sie weiß, dass es weit weniger wert ist – etwas Dau-
erhaftes gegen etwas Kurzlebiges. „Ich will, was ich will, und
ich will es jetzt! Ich will, dass meine Wünsche erfüllt werden,
auch wenn es mich alles kostet." Kein Wunder, dass der Schreiber des Hebräerbriefs Esaus Handeln mit sündhafter Unmoral
gleichsetzt: „Sorgt dafür, dass niemand wie Esau ein unzüchtiges
oder gottloses Leben führt. Er verkaufte sein Geburtsrecht als
Ältester für eine einzige Mahlzeit! Und als er dann später den
Segen seines Vaters wollte, wurde er abgewiesen. Da war es zu
spät zur Umkehr, obwohl er bittere Tränen vergoss." (Hebräerbrief 12,16–17) Dies ist eine tragische, bittere Lektion, die nicht
unbeachtet bleiben darf. Für ein geheiligtes Leben ist Disziplin
erforderlich, und man kann den Prozess der Nachfolge nicht
abkürzen.

Tiger Woods gilt als einer der größten Golfspieler aller Zeiten.
Als ich als junger Mann das Golfspielen lernte, versuchte ich,

seinen Stil nachzuahmen. Ich wollte Abschläge so weit wie Tiger schlagen, meine Eisen mit der Genauigkeit von Tiger einsetzen, mit einem weichen Touch wie Tiger chippen und mit dem Selbstvertrauen von Tiger putten (ich kaufte sogar Nike-Golfmützen, um sie wie Tiger zu tragen). Es gab nur ein Problem: Tiger übte jeden Tag stundenlang, und das schon, seit er kaum laufen konnte.[50] Selbst als er der beste Golfer der Welt wurde, trainierte er Insidern zufolge immer noch härter als jeder andere. Ich kann sagen, dass ich wie Tiger Woods Golf spielen möchte, aber das bedeutet nichts, wenn ich nicht bereit bin, ebenso hart zu trainieren. Sofortige Befriedigung wird nicht ausreichen. So sehr ich mir auch wünsche, dass es anders sein könnte, die Qualität meines Golfspiels ist direkt proportional zu meinem Trainingseinsatz.

Manchmal hört man Menschen sagen: „Ich möchte so sein wie Schwester So-und-so. Sie scheint Gott so nahe zu sein. Ich sehe Jesus in ihr. Sie ist eine Heilige." Es ist nicht schlecht, in ihr ein gutes Beispiel für Christusähnlichkeit zu sehen und zu versuchen, ihren Lebensstil nachzuahmen. Was Sie jedoch vielleicht nicht wissen, sind die vielen Stunden, die sie allein mit dem Herrn in Meditation und Gebet verbringt – die Jahrzehnte, die sie auf dem geistlichen Trainingsplatz verbracht hat und die sie zu dem geformt haben, was Sie jetzt sehen. Sie ist sicher nicht so geworden, weil sie immer sofortige Befriedigung gesucht hat. Geistliche Übungen haben in ihr heilige Temperamente geformt, die jetzt wie Tugend aussehen. Sie hat die Frucht des Geistes kultiviert, und deshalb sind Liebe, Freude, Friede, Geduld, Freundlichkeit, Güte und Selbstbeherrschung so offensichtlich vorhanden.

Heiligung ist nicht ein Augenblick, in dem Tugend plötzlich erworben wird. Nein: Sie ist das, wozu wir geformt werden. „Bekehrung ist ein Geschenk und eine Errungenschaft. Es ist der Akt eines Augenblicks und die Arbeit eines ganzen Lebens."[51] Die Entdeckungsreise der Gnade erfordert Geduld und einen langen Atem. Wir müssen die Frucht kultivieren und pflegen.

Es erscheint angemessen, ein Kapitel über die befähigende Gnade Gottes mit einem Gebet um Reinheit abzuschließen, das von den Heiligen seit mehr als tausend Jahren gebetet wird:

> Allmächtiger Gott, alle Herzen sind offen vor dir, alle Wünsche sind dir bekannt, und kein Geheimnis ist vor dir verborgen. Reinige die Gedanken unseres Herzens durch die Eingebung deines Heiligen Geistes, damit wir dich vollkommen lieben und deinen heiligen Namen würdig verherrlichen können, durch Christus, unseren Herrn. Amen.[52]

6. Ausreichende Gnade

Und er hat zu mir gesagt: Meine Gnade genügt dir, denn meine Kraft kommt in Schwachheit zur Vollendung. – 2. Korintherbrief 12,9, (Elberfelder Übers.)

Zu Beginn dieses Buches haben wir gesagt, dass Gnade persönlich ist, dass sie durch die Person und das Werk Jesu Christi erfahren und erkannt wird und sich in der Gegenwart des Heiligen Geistes manifestiert. Wie Thomas Langford anmerkt, wird die Gnade nicht abstrakt als Prinzip erkannt, „sondern in der tatsächlichen Selbsthingabe Gottes in der Geschichte".[1] In Jesus Christus und in der Gegenwart des Geistes wird die Erneuerung des menschlichen Lebens durch die suchende, rettende, heiligende und erhaltende Gnade erfahren. Dieser letzte biblische Ausdruck der Gnade ist für mich der geheimnisvollste von allen.

Haben Sie sich schon einmal gefragt, warum diejenigen, die scheinbar ein leichtes Leben haben, so weit von Gott entfernt zu sein scheinen, während diejenigen, die durch die tiefsten Tiefen gehen und mit den größten persönlichen Schwierigkeiten zu kämpfen haben, oft die intime Nähe Gottes spüren? Auf den ersten Blick erscheinen beide Beobachtungen kontraintuitiv. Es erscheint einleuchtend, dass diejenigen, die weniger Probleme haben, glücklicher und von größerem Frieden umgeben sein sollten als diejenigen, die tiefes Leid ertragen, doch das Gegenteil ist oft der Fall. Wie lässt sich ein solches Paradoxon erklären?

Zu beten: „Dein Wille geschehe, wie im Himmel so auf Erden", bedeutet zu bekennen, dass nicht alles, was in der Welt geschieht, Gottes Wille ist. Wir schreiben Gott nichts Böses zu. Wann immer wir das tun, stellen wir den Charakter Gottes in Frage. Das dritte Gebot verbietet es, den Namen Gottes zu missbrauchen, was weniger mit Fluchen zu tun hat als vielmehr mit der falschen Darstellung Gottes in der Welt. Es ist eine ernste Sache, etwas, das böse ist, Gott zuzuschreiben oder etwas, das von Gott ist, als böse zu bezeichnen. Dennoch sollte erwähnt werden, dass zwar nicht alles, was geschieht, Gottes Wille ist, aber da unser Gott allmächtig und liebevoll ist, hat er in allem einen Willen, insbesondere in Bezug auf diejenigen, die Gott als sein Eigentum betrachtet und die in Christus bleiben. Die Heilige Schrift erinnert uns daran, dass es zu Gottes Spezialitäten gehört, alle Dinge zu erlösen, selbst wenn Böses beabsichtigt ist. Josef sagte zu seinen eifersüchtigen Brüdern: „Was mich betrifft, hat Gott alles Böse, das ihr geplant habt, zum Guten gewendet. Auf diese Weise wollte er das Leben vieler Menschen retten." (Genesis 50,20) Paulus erinnert uns wiederum: „Und wir wissen, dass für die, die Gott lieben und nach seinem Willen zu ihm gehören, alles zum Guten führt." (Römerbrief 8,28) Josef sagte nicht, dass Gott seine Brüder veranlasste, ihn in die ägyptische Sklaverei zu verkaufen; er sagte, dass Gott ihren bösen Absichten nicht das letzte Wort überließ. Paulus sagte nicht, dass Gott seinem Volk Schlimmes antut, sondern dass Gott treu ist und in allem wirkt, im Guten wie im Schlechten, um das, was nur zerstörerisch und kaputt zu sein scheint, in etwas Heilendes und Heiliges zu verwandeln. Diese Bibelstellen erklären, warum diejenigen in Christus, die das größte Leid erfahren, auch den größten Frieden erleben. Es passiert etwas im Leben völlig hingegebener Nachfolger Jesu, die auf der Reise der Gnade schwierige Umstände und anspruchsvolle Situationen erleben. Sie erfahren, dass Gottes ausreichende Gnade sie in ihrer Schwäche aufrecht hält und sie mit dem versorgt, was sie in ihren größten Kämpfen brauchen.

KRAFT, DIE IN SCHWACHHEIT ZUR VOLLENDUNG KOMMT

Der Apostel Paulus sprach über die ausreichende Gnade in seinem zweiten Brief an die Gemeinde in Korinth. Darin schreibt Paulus, dass er vierzehn Jahre, bevor er seinen Brief an die Korinther schrieb, eine Vision von Gott erhielt, in der er „in den dritten Himmel aufgehoben wurde" (2. Korintherbrief 12,2). Die meisten Bibelgelehrten glauben nicht, dass Paulus damit andeuten wollte, dass es mehrere Ebenen des Himmels gibt, sondern dass er eine Offenbarung beschrieb, die über das gewöhnliche menschliche Sehvermögen hinausgeht, und dass er durch die Inspiration des Geistes in der Lage war, etwas jenseits des physischen Bereichs wahrzunehmen. Es ging ihm darum, ihnen und uns zu sagen, dass er auf kraftvolle Weise der Gegenwart Gottes begegnet war, dass er den auferstandenen Christus gesehen hatte und nie mehr derselbe sein würde – es hatte sein Leben verändert.[2]

Eine solche euphorische Erfahrung kann zu geistlichem Stolz und Überheblichkeit führen. Im Bewusstsein der potenziellen Gefahr und um nicht in unheilige Einbildung zu verfallen, fügt Paulus hinzu, dass ihm ein „Dorn ins Fleisch" gegeben wurde (12,7). Weder der Ursprung noch die Einzelheiten des Dorns sind uns bekannt. Wir wissen nicht, ob es sich um ein körperliches, ein emotionales oder ein Beziehungsproblem handelte.[3] Klar ist, dass er für Paulus zu einer so schweren Last wurde, dass er ihn als „Bote des Satans, der mich quält" bezeichnete – eine ständige Erinnerung an seine Schwachheit (12,7). Er flehte Gott an, ihm diesen Mangel zu nehmen, ihn zu beseitigen – und ihn dadurch, sollte man meinen, zu einem stärkeren und besseren Leiter für die Kirche zu machen. Bevor wir uns näher mit dem Dorn befassen, sollten wir uns daran erinnern, dass Paulus ein starker Mann war. Er war kein geistlicher Schwächling. An anderer Stelle beschreibt Paulus detailliert seine Leiden als Apostel:

Ich habe viel härter gearbeitet, war öfter im Gefängnis, wurde öfter verprügelt, als ich zählen kann, und stand immer wieder an der Schwelle des Todes. Ich wurde fünfmal mit den neununddreißig Peitschenhieben der Juden ausgepeitscht, dreimal mit römischen Ruten geschlagen und einmal gesteinigt. Ich habe dreimal Schiffbruch erlitten und trieb eine Nacht und einen Tag lang auf offener See. Auf meinen entbehrungsreichen Reisen musste ich jahrein, jahraus Flüsse durchqueren, Räuber abwehren, mit Freunden streiten und mit Feinden kämpfen. Ich war in Gefahr in der Stadt, in Gefahr auf dem Land, von der Wüstensonne und dem Seesturm bedroht und von denen verraten, die ich für meine Brüder hielt. Ich habe Schufterei und harte Arbeit erlebt, so manche lange und einsame Nacht ohne Schlaf verbracht, auf so manche Mahlzeit verzichtet, wurde von der Kälte gepeinigt, nackt dem Wetter ausgesetzt.[4]

Ganz zu schweigen von dem ständigen Druck und den Ängsten, die der Umgang mit problematischen Gemeinden und unausstehlichen Gemeindemitgliedern mit sich bringt!

Lesen Sie die Liste der Prüfungen des Paulus noch einmal. Er hat all das und zweifellos noch mehr ertragen (mir fallen Schlangenbisse ein). Brauchen Sie noch mehr Beweise dafür, dass Paulus weder ein zartes Pflänzchen noch ein Jammerlappen war? Dies lässt vermuten, dass der Dorn, was immer er auch war, für Paulus keine unbedeutende Sache war. Nicht weniger als dreimal, so verrät Paulus, flehte er Gott an, den Dorn wegzunehmen (eine biblische Umschreibung für: „Ich habe immer wieder darum gebeten"). Paulus macht deutlich, dass ihm das Wasser bis zum Hals stand. Er trug eine Last, die ihn erdrückte, und er spürte, wie er unter ihrem Gewicht ins Straucheln geriet. Für Paulus war das keine Kleinigkeit, und er betete um Heilung. Der Herr erhörte sein Gebet, aber nicht so, wie er es erwartet hatte. Nein, Paulus, du wirst den Dorn behalten, aber du sollst wissen: „Meine Gnade genügt dir, denn meine Kraft kommt in Schwachheit zur Vollendung." (2. Korintherbrief 12,9, Elberfelder Übers.) Du bist in deinen schwächsten Momenten stärker, wenn ich bei dir bin, als in deinen stärksten Momenten ohne mich. Meine Kraft kommt in deiner Schwäche zur Vollendung.

IN GOTTES ARMEN GETRAGEN

Ausreichende Gnade ist Gottes Art, uns zu sagen: „Wenn du mit deiner menschlichen Kraft am Ende bist, werde ich dir meine übernatürliche Kraft geben. Wenn deine Energie versiegt, wird meine Energie in dir zum Leben erwachen. Wenn du nicht mehr weiter kannst, werde ich dich aufheben und tragen. Ruh dich eine Weile aus in meinen Armen."

Es gibt ein modernes, bekanntes poetisches Gleichnis mit dem Titel „Fußspuren im Sand".

> Eines Nachts hatte ein Mann einen Traum. Er träumte, dass er mit dem Herrn am Strand entlangging. Am Himmel blitzten Szenen aus seinem Leben auf. Bei jeder Szene bemerkte er zwei Reihen von Fußspuren im Sand, eine für ihn und eine für den Herrn.

> Als die letzte Szene seines Lebens vor ihm aufblitzte, blickte er zurück auf die Fußspuren im Sand. Er stellte fest, dass es auf seinem Lebensweg oft nur eine einzige Reihe von Fußspuren gab. Er bemerkte auch, dass dies zu den tiefsten und traurigsten Zeiten in seinem Leben geschah.

> Das beunruhigte ihn sehr, und er fragte den Herrn: „Herr, du hast gesagt, wenn ich mich entscheide, dir zu folgen, würdest du immer mit mir gehen. Ich habe jedoch festgestellt, dass es in den schwierigsten Zeiten in meinem Leben nur eine Reihe von Fußspuren gibt. Ich verstehe nicht, warum du mich verlassen hast, als ich dich am meisten brauchte."

> Der Herr antwortete: „Mein liebes, kostbares Kind, ich liebe dich, und ich werde dich niemals verlassen.

In den schweren und leidvollen Zeiten, in denen
du nur eine einzige Reihe von Fußspuren siehst,
habe ich dich getragen."

Wenn man sich die suchende Gnade bildlich vorstellen wollte,
würde sie wie ein suchender Hirte, ein wartender Vater, ein aus
dem Todesschlaf weckender Kuss aussehen. Wenn die rettende
Gnade ein Bild wäre, würde sie wie eine Umarmung, eine Adoption, eine Versöhnung aussehen. Wäre die ausreichende Gnade
ein Bild, wäre darauf ein Mensch zu sehen, der in Gottes Armen
getragen wird.

„Fußspuren im Sand" ist mehr als eine Parabel, es ist eine Geschichte aus dem wirklichen Leben, die ich immer wieder gehört
habe. In meinen Jahren als Pastor gab es in meinen Gemeinden
Menschen, die akutes Leid und quälenden Kummer erlebten –
manche so schwer, dass ich mich fragte, wie sie die Kraft fanden,
morgens aufzustehen; Menschen, die so am Ende ihrer Kräfte
waren, um es mit Eugene Petersons Worten auszudrücken, dass
„ich ihre Verzweiflung in meinen Knochen spüren konnte".

Dann hörte ich sie sagen: „Herr Pastor, ich kann es nicht erklären. Es macht keinen Sinn. Ich weiß, dass ich von all dem erdrückt
werden müsste, aber ich fühle mich" – und sie wählten oft genau diese Worte – „als ob ich getragen werde. Ich bin unglaub-
lich traurig über diesen Verlust, diese Krankheit, diesen Tod, diesen Verrat, und ich müsste eigentlich zusammenbrechen, aber in
meinem Geist herrscht ein Frieden und eine Ruhe, die unerklär-
lich sind. Ich kann es nur so beschreiben, dass ich mich von ewigen Armen gnädig getragen fühle." Eine Reihe von Fußspuren:
ausreichende Gnade.

Wenn ich eines in Bezug auf Leid herausgefunden habe, dann ist es die Tatsache, dass ausreichende Gnade eine intellektuelle Realität bleibt, bis wir sie am meisten brauchen. Man kann etwas im Kopf wissen, es jedoch nicht mit dem Herzen begreifen. Wenn man es tatsächlich erlebt, dass man gehalten wird, getragen wird, ist das jenseits aller Definitionen – es muss erfahren werden. So ist die ausreichende Gnade. Ich habe vor kurzem mit einem Freund gesprochen, der sagte: „Ich weiß nicht, was ich tun würde, wenn ich eines meiner Kinder verlieren würde. Ich hätte nicht die Kraft, weiterzumachen."

Ich antwortete: „Du hast Recht. Du hast im Moment nicht die Kraft dazu, weil du diesen Weg bisher nicht gehen musstest. Ich hoffe, dass du ihn nie wirst gehen müssen, aber wenn doch, dann wirst du die ausreichende Gnade erfahren."

„Gerade genug" Gnade

Ausreichende Gnade ist alles, was Sie für heute brauchen. Es ist ein tägliches Geschenk von „gerade genug". Es ist wie Manna in der Wüste. Das Volk Gottes befand sich auf einer Reise durch die Wüste. Es gab nur sehr wenig Nahrung, und wenn Gott nicht für sie sorgte, würden sie verhungern, also gab Gott ihnen ein Geschenk. Er ließ Brot vom Himmel regnen. Jeden Morgen, wenn die Menschen aufwachten, lag es vor ihren Zelten auf dem Boden, frisch für den Tag. Sie haben sich nicht darum bemüht, dafür gearbeitet oder dafür bezahlt. Es war ein Geschenk aus Gottes Hand. Alles, was sie tun mussten, war, es zu sammeln und zuzubereiten. Die einzige Bedingung war, dass sie es nicht aufbewahren durften. Sie konnten kein süßes Gebäck in eine Blechdose stopfen und für einen Regentag aufheben. Sie konnten das Manna nicht unter ihren Matratzen verstecken, nur für den Fall, dass Gott es sich am nächsten Tag anders überlegen sollte; wenn sie es versuchten, würde es verderben. Es würde madig und schimmlig werden und sich in Fischköder verwandeln. Sie mussten nur daran glauben, dass Gott ihnen heute alles geben würde, was sie brauchten, und darauf vertrauen, dass er das Gleiche morgen wieder tun würde. Seine Barmherzigkeit ist jeden Morgen neu.

So sieht ausreichende Gnade aus. Sie kann nicht für morgen gehortet werden. Sie reicht für heute aus. Gott gibt uns heute alles, was wir brauchen, und es ist genau richtig. Morgen wird es wieder genug geben. Es ist die „Ich-bin-was-immer-du-brauchst"-Gnade, die uns trägt, wenn wir nicht mehr weiter können. Kein Wunder, dass Paulus zuversichtlich erklärte: „Und nun bin ich zufrieden mit meiner Schwäche, damit die Kraft von Christus durch mich wirken kann. Da ich weiß, dass es für Christus geschieht, bin ich mit meinen Schwächen, Entbehrungen, Schwierigkeiten, Verfolgungen und Beschimpfungen versöhnt. Denn wenn ich schwach bin, bin ich stark." (2. Korintherbrief 12,9–10)

DIE GNADE, DIE NICHT LOSLÄSST

Vor einigen Jahren sah ein Pastor in Pennsylvania nach dem Gottesdienst einen Mann mit einer Bulldoggen-Anstecknadel am Revers seines Anzugs. Da er nicht wusste, dass der Mann für eine Spedition arbeitete, deren Firmenlogo eine Bulldogge war, fragte er naiv: „Was symbolisiert diese Bulldogge?"

Mit einem Augenzwinkern antwortete der Mann schelmisch: „Nun, Herr Pastor, die Bulldogge symbolisiert die Hartnäckigkeit, mit der ich an Jesus Christus festhalte".

Der Pastor antwortete: „Es ist ein wunderbares Symbol, aber schlechte Theologie". Überrascht fragte der Mann: „Was meinen Sie?"

„Es sollte niemals für die Hartnäckigkeit stehen, mit der Sie an Jesus Christus festhalten", bemerkte der Pastor. „Es sollte für die Hartnäckigkeit stehen, mit der Jesus Christus an Ihnen festhält".

Der Glaube in schwierigen Zeiten hat nichts damit zu tun, wie stark wir sind oder wie viel Glauben wir haben. Glaube in den dunkelsten Momenten ist in Wirklichkeit eine Frage der Stärke Gottes. Egal, was uns auf unserer Reise begegnet, Gottes Gnade reicht aus, um uns zu halten, und seine Liebe ist stark genug, um uns hindurchzubringen. Denken wir immer daran, dass das „Was immer kommen mag" des Lebens bedeutet, dass Jesus Christus mit der Hartnäckigkeit einer Bulldogge an uns festhält und uns niemals loslassen wird.

In einer Gemeinde, in der ich als Pastor tätig war, wurde eine Frau plötzlich sehr krank. Die Ärzte unterzogen sie einer ganzen Reihe von Tests, um herauszufinden, was los war. Sie fanden heraus, dass sie an einer seltenen Krankheit litt, die schwere allergische Reaktionen auf alle Lebensmittel verursachte. Es wurde sehr ernst, sogar lebensbedrohlich. Während dieser Zeit wurde ihr

Ehemann auf einen Militäreinsatz nach Afghanistan entsandt. Schließlich wurde sie ins Krankenhaus eingeliefert und musste sich einem medizinischen Test unterziehen, von dem man annahm, dass er eine heftige allergische Reaktion auslösen würde, die zu einem vorübergehenden Atemstillstand führen würde. Niemand freut sich auf eine solch heftige Reaktion, vor allem, wenn man weiß, dass sie kommt. Sie sagte mir: „Herr Pastor, ich hatte große Angst, sogar bis zur Panik. Ich lag im Krankenbett, voller Selbstmitleid wegen dem, was mir bevorstand, und fragte mich, warum mir das alles passierte. Zu allem Überfluss ärgerte ich mich auch noch darüber, dass mein Mann Tausende von Kilometern entfernt war. Ich hatte Angst und fühlte mich sehr allein."

Der Zeitpunkt des Tests kam. Sie war voller Angst: „Ich weiß jetzt, was der Ausdruck ‚starr vor Angst' bedeutet. Ich konnte mich buchstäblich nicht bewegen, und ich konnte nicht einmal beten. Niemals zuvor war ich nicht in der Lage zu beten. Das einzige Gebet, das ich herausbrachte, war: ‚Gott, bitte hilf mir'".

Sie wandte sich an die Krankenschwester, die den Test durchführen sollte, und fragte: „Sind Sie Christ?"

„Ja, das bin ich", antwortete die Krankenschwester.

„Könnten Sie für mich beten?"

Die Krankenschwester antwortete, ohne zu zögern: „Natürlich", und sie betete ein einfaches Gebet um Trost und Heilung.

Meine Freundin erzählte mir später: „Als sie betete, überkam mich ein unglaublicher Frieden. Es war fast so, als ob Gott seine

Hände auf mich gelegt und mich in seine Gegenwart gehoben hätte" (ja, sie hat diesen Ausdruck benutzt). „Ich wusste, dass Gott bei mir war, und plötzlich war die Angst weg."

Sie führten den Test durch, und zum Erstaunen aller zeigte sie keine heftige Reaktion. „Herr Pastor, ich spürte plötzlich, wie eine Quelle der Freude in mir aufstieg. Es war eine überschwängliche Freude. Wenn ich durch den Raum hätte tanzen können, hätte ich es getan!"

In diesem Moment zog die Krankenschwester die Schutzweste gegen Strahlung aus, die sie getragen hatte, und um ihren Hals hing ein großes Kreuz.

Mit Tränen in den Augen aufgrund dieser lebhaften Erinnerung sagte meine Freundin zu mir: „Da wurde mir klar, dass Gott die ganze Zeit bei mir war – ich konnte ihn nur nicht sehen. Ich konnte seine Gegenwart nicht spüren, aber er war da. Er war die ganze Zeit da gewesen. Auch wenn mein Mann in Afghanistan war, war ich immer noch die Braut Christi. Jesus war in diesem Moment mein Mann, der an meiner Seite stand und mich trug."

Auf der Entdeckungsreise der Gnade hält uns Gottes ausreichende Gnade auf verschiedene Weise fest, aber eine der wichtigsten Weisen ist der Leib Christi. Wenn wir darum bitten, dass Gott sich in unserem Schmerz offenbart, sollte es uns nicht überraschen, dass die Antwort Gottes in Form einer Karte oder eines Anrufs von einer Person aus unserer Gemeinde erfolgt, die sagt: „Ich hab dich lieb. Ich bete für dich. Der Herr ist mit dir." Manchmal kommen wir in die Gemeinde mit einer scheinbar unerträglichen Last auf dem Herzen, und ein Bruder oder eine

Schwester in Christus legt den Arm um uns und sagt: „Ich habe in letzter Zeit viel an dich gedacht. Ich möchte, dass du weißt, dass du geliebt wirst und dass für dich gebetet wird." Und wie durch ein Wunder umgibt uns die leibhaftige Gegenwart Jesu, fast so, als würde er uns in diesem Moment mit der Hartnäckigkeit einer Bulldogge festhalten und uns durch die schwierigsten Momente unseres Lebens tragen.

Als eine meiner Töchter klein war, hatte sie Angst vor der Dunkelheit. Meine Frau und ich brachten sie ins Bett und sagten: „Hab keine Angst. Jesus ist hier bei dir."

Sie antwortete: „Okay, Mami und Papi. Ich werde keine Angst haben". Es dauerte jedoch nicht lange, bis wir ein Klopfen an unserer Schlafzimmertür hörten. „Mami und Papi, ich weiß, dass Jesus bei mir ist, aber ich brauche jemanden, der so aussieht wie ihr."

Sie hatte Recht. Manchmal brauchen wir jemanden, der so aussieht wie wir. Das ist es, was der Leib Christi ist – die christliche Gemeinschaft ist Jesus aus Fleisch und Blut. Durch die warmen Körper der Menschen, die von seinem grenzenlosen Mitgefühl und seiner beständigen Liebe erfüllt sind, werden wir von Gott umarmt und gehalten.

Durchhaltevermögen, Charakter und Hoffnung

Schmerz und Leid sind Dinge, die wir normalerweise vermeiden wollen. Es ist nicht falsch, sich Komfort und Gesundheit zu wünschen. Doch wir wissen auch, dass wir in schmerzhaften und bedrückenden Zeiten Freude und Hoffnung finden können, weil wir wissen, dass Jesu Stärke sich in unserer Schwachheit zeigt. In einem anderen Brief an die Christen des ersten Jahrhunderts, die in Rom lebten, sagte Paulus: „Doch nicht nur darüber freuen wir uns; wir freuen uns auch über die Nöte, die wir jetzt durchmachen. Denn wir wissen, dass Not uns lehrt durchzuhalten, und wer gelernt hat durchzuhalten, ist bewährt, und bewährt zu sein, festigt die Hoffnung. Und in unserer Hoffnung werden wir nicht enttäuscht. Denn Gott hat uns den Heiligen Geist gegeben und hat unser Herz durch ihn mit der Gewissheit erfüllt, dass er uns liebt." (Römerbrief 5,3–5, Neue Genfer Übersetzung) Auch hier verweist Paulus auf Tugend und Charakterbildung hin zur Christusähnlichkeit.

Erstens erzeugt das Leiden Durchhaltevermögen. Probleme, Druck und Prüfungen sind keine zufälligen Unfälle des Schicksals, die nichts mit unserem Endziel (*telos*) der Christusähnlichkeit zu tun haben. In der Originalsprache des Neuen Testaments steht für „Durchhaltevermögen" das Wort *hypomone*, was so viel bedeutet wie „standhaft bleiben, egal was passiert" – fest stehen, auch wenn der Druck des Lebens uns zu schaffen macht. Schwierigkeiten erzeugen Durchhaltevermögen, und Durchhaltevermögen ist die Eigenschaft, die sagt: „Ich gebe nicht auf, egal was passiert". Es ist wie beim Langstreckenlauf. Ihre Beine sind schwer, Ihre Lunge lechzt nach Luft, Ihr Herz fühlt sich an, als ob es gleich aus der Brust springt, und Sie würden am liebsten aufhören. Sie wissen jedoch, dass Sie weiterlaufen müssen, denn genau in dem Moment, in dem Sie aufgeben wollen, ist der Nutzen für Ihre Fitness am größten. Das ist *hypomone* – Durchhaltevermögen unter Druck. Wir können uns in unseren Problemen und Prüfungen freuen, weil wir wissen, dass die Belastungen und sogar die Leiden des Lebens zu Durchhaltevermögen und Beharrlichkeit führen.

Zweitens: Durchhaltevermögen bringt einen bewährten Charakter hervor. Das griechische Wort *dokime* bezeichnete ursprünglich ein Metall, das raffiniert und von allen Verunreinigungen befreit wurde. Probleme und Prüfungen erzeugen Durchhaltevermögen und Durchhaltevermögen erzeugt Charakterstärke. Charakter wird heute auf allen Ebenen der Gesellschaft dringend benötigt. Richard John Neuhaus unterstreicht diesen Punkt: „Dass wir in Christus neue Kreaturen sind, ist ein reines Geschenk Gottes; der Aufbau des Charakters ist die Verwirklichung dieses Geschenkes. Es ist ein mühsamer Prozess, im Zuge dessen wir zu dem werden, was wir in Christus bereits sind. Er erfordert den Respekt vor den gewöhnlichen Erfahrungen, den alltäglichen Aspekten der christlichen Pilgerschaft."[5] Neuhaus folgert mit Nachdruck: „Charakter beinhaltet den Mut und die Gnade, ein gutes Leben in einer Welt zu führen, in der Bedürfnisse weitgehend unbefriedigt bleiben."[6] Charakterstärke erhält man nicht durch Stellvertreter. Das Bestehen von Prüfungen in realen Lebenssituationen führt zu Durchhaltevermögen, und Durchhaltevermögen, wenn es rechtschaffen ist, führt zu Integrität und Charaktertiefe.

Drittens erzeugt Charakter Hoffnung. Hoffnung ist der ruhige,

sichere Glaube, dass Gott mit uns ist. Hoffnung ist die zuver-
sichtliche Erwartung, dass, egal was die Zukunft bringt, unser Begleiter auf der Entdeckungsreise der Gnade die Zukunft in der
Hand hat. Das zentrale Problem unserer Zeit ist nicht zu viel
Stress, sondern zu wenig Hoffnung. Thomas Langford hat das
sehr gut ausgedrückt: „Hoffnung vertagt nicht in die Zukunft;
Hoffnung formt das Verständnis der Vergangenheit neu und bestimmt das Leben in der Gegenwart. Wir leben verwandelt in
und durch Hoffnung."[7]

Eine Illustration kann zur Verdeutlichung hilfreich sein.[8] Stellen
Sie sich einen Raum voller Schüler vor, die alle kurz vor dem Ab-
itur stehen. Sie wenden sich an einen zu Ihrer Linken und fragen:
„Wie läuft es bei dir in deinem letzten Jahr in der Oberstufe?"

Der Schüler antwortet: „Nicht so gut. Ich habe mehrere Fächer
nicht bestanden, und wenn ich noch einmal durchfalle, werde
ich das Abitur nicht schaffen. Dann werde ich mein letztes Jahr
wiederholen müssen".

Sie fragen weiter: „Wie stellst du dir deine Zukunft vor?"

„Nun, ich hoffe, dass ich im Mai mein Abi schaffe, und dann
werde ich versuchen, im Herbst auf eine Hochschule zu kommen."

Dann wenden Sie sich an die Schülerin zu Ihrer Rechten und stellen ihr die gleiche Frage. „Wie läuft es bei dir in deinem letzten
Jahr?"

„Ziemlich gut, würde ich sagen," antwortet sie. „Denkst du daran zu studieren?"

„Auf jeden Fall. Ich habe bereits eine Zusage von der Harvard Universität erhalten. Ich warte noch auf die Antworten von Princeton, Stanford und dem MIT, aber ich bin zuversichtlich."

„Du musst eine sehr gute Schülerin sein. Darf ich fragen, wo du in deinem Jahrgang etwa stehst?"

„Von sechshundert Schülern bin ich mit meinem Notendurchschnitt von 1,1 die zweitbeste in meinem Jahrgang".

„Wow! Das ist beeindruckend! Kannst du mir sagen, wie du in deinen Leistungskursen abgeschnitten hast?"

„Ich habe 15 Punkte in Mathe und 14 Punkte in Englisch." (15 Punkte ist die höchste Punktzahl in jedem Fach.)

„Fast so gut wie meine Leistungskursergebnisse", fügen Sie ironisch hinzu. „Wie stellst du dir deine Zukunft vor?"

„Nun, ich hoffe, im Mai mein Abitur zu machen und dann an eine dieser Universitäten zu gehen, um Wissenschaftlerin zu werden."

Sie denken: „Sie hofft, das Abitur zu machen?" Diese junge Frau hat es geschafft! Das steht völlig außer Frage.

Erkennen Sie den Unterschied? Der erste Schüler hoffte, wo kaum etwas zu hoffen war, die zweite Schülerin hoffte in der klaren Gewissheit, dass es klappen würde. Eine solche Hoffnung ist kein Vertagen in die Zukunft. Sie formt das Verständnis der Vergangenheit neu und bestimmt das Leben in der Gegenwart.

Wir werden verwandelt in und durch eine solche Hoffnung. Menschen sagen manchmal: „Ich hoffe, dass Gott mich liebt. Ich hoffe, dass Gott sich nicht von mir abwendet. Ich hoffe, dass Gott mich nicht im Stich lässt, wenn ich mit dem Rücken zur Wand stehe. Ich hoffe, dass Gott mir in meinen dunkelsten Stunden Halt gibt und mich stärkt." Die christliche Hoffnung gründet sich auf die vergangene, gegenwärtige und zukünftige Liebe des Kreuzes Jesu Christi und die lebensspendende Kraft seiner Auferstehung. Diese Hoffnung enttäuscht uns nicht (Römerbrief 5,5). Die ausreichende Gnade Gottes hat uns fest im Griff. Er hält mit der Hartnäckigkeit einer Bulldogge an uns fest.

ICH LEGE MEINEN GEIST IN DEINE HÄNDE

Es ist kein Zufall, dass ich dieses Kapitel während der COVID-19-Pandemie geschrieben habe, einer Zeit großer Unsicherheit und tiefen Leides. Karsamstag, der Tag vor Ostern, ist eine Zeit des stillen Nachdenkens über den Tod Jesu und der Erinnerung an seine Zeit in der Dunkelheit des Grabes. Einer der Lektionartexte für diesen Tag, Psalm 31, enthält die Worte, die Jesus am Kreuz sprach, bevor er starb: „Vater, ich lege meinen Geist in deine Hände!" (Lukas 23,46). Jesus zitierte wörtlich aus Psalm 31,5 und fügte nur das Wort Abba („Vater") zu seinem Gebet hinzu.

Von den vielen Dingen, die man aus diesem Gebet Jesu lernen kann, sticht für mich in der COVID-19-Wüste besonders hervor, dass ein großer Unterschied besteht zwischen einem Leben, das genommen wird, und einem Leben, das gegeben wird. Jesus machte im Johannesevangelium deutlich: „Niemand kann es (mein Leben) mir nehmen. Ich gebe es freiwillig hin" (10,18). Er gibt sein Leben freiwillig und bereitwillig hin. Der Tod Jesu am Kreuz war nicht das tragische Ende eines vielversprechenden Lebens oder die Enttäuschung einer gescheiterten Mission. Er war die ganze Zeit Teil des göttlichen Planes. Das Kreuz war Gottes kosmischer Plan, um uns aus der Finsternis und dem Würgegriff der Mächte und Gewalten zu befreien. Das Opfer Jesu wurde ihm also nicht aufgezwungen – er hat es freiwillig für uns auf sich genommen. Er wusste, dass er in Gottes Hand war, und so konnte er sagen: „Ich gebe mein Leben hin, um es wiederzuerlangen" (10,17).

Das sollte uns zu der Frage veranlassen: Geben wir unser Leben hin oder wird es uns genommen? Der Unterschied zwischen beiden ist groß, vor allem in Bezug auf die Frage des Vertrauens. „Vater, in deine Hände lege ich meinen Geist" bedeutet, dass wir darauf vertrauen, dass unser Leben für etwas Größeres und Schöneres gegeben wird, als wir es ohne unseren himmlischen Vater je erreichen könnten. Dass Jesus dieses Gebet im wohl schwierigsten Moment seines Lebens betete, zeigt uns, dass er dieses Gebet schon lange gebetet hatte – einschließlich der schmerzvollen Gebete im Garten Gethsemane. „In deine Hände" ist ein Gebet der völligen Hingabe, denn im Kern ist es eine Erklärung, dass wir uns aus den Händen anderer Menschen und Umstände – einschließlich unserer eigenen Pläne und Ziele – lösen und unser Leben bereitwillig in die Hände Gottes legen. In einem sehr realen Sinn geht es dabei um eine neue Definition und Sichtweise der Erfahrungen unseres Lebens: Entweder lassen wir sie über uns ergehen oder wir begeben uns in die Obhut Gottes, der unsere Schritte lenkt. In dem einen Fall wird uns etwas genommen

– im anderen geben wir etwas bewusst hin. Es kann ein Verlust oder eine Übergabe sein.

Jesus demonstriert die schockierende Kraft des Opfers. Er zeigt uns, dass wir durch die Hingabe an Gott in der Lage sind, etwas, das auf den ersten Blick wie ein Verlust aussieht, in etwas zu verwandeln, das für alle Welt ein Gewinn ist. Wenn Frederick Buechner sagt: „Etwas zu opfern heißt, es heilig zu machen, indem man es aus Liebe verschenkt", dann meint er damit, dass wir selbst dann, wenn jemand versucht, es uns aus den Händen zu reißen, selbst dann, wenn es sich so anfühlt, als hätten wir es nicht mehr unter Kontrolle, immer noch entscheiden können, wie wir es loslassen.[9] Wir können immer noch im letzten Moment unsere Hände öffnen und das verschenken, von dem andere glaubten, dass es uns genommen wird und was die Umstände uns zu rauben schienen. Wir können es heilig machen, indem wir es aus Liebe tun, indem wir es Gott übergeben.

In der surrealen Erfahrung der COVID-19-Pandemie, als aus Tagen Wochen und Monate wurden, fiel es leicht, dem Gefühl Raum zu geben, dass uns etwas genommen wurde. Wir fühlten uns verängstigt, wütend, unsicher und weit außerhalb unserer Komfortzone. Wir hatten eine Wahl zu treffen. Wir konnten das Opfer spielen und sagen: „Mir wurde etwas weggenommen", oder wir konnten es an Gott übergeben und sagen: „Vater, in deine Hände lege ich meinen Geist. Wir überlassen uns deinen Plänen und Zielen. Unser Leben gehört nicht uns. Wir geben es dir hin, weil wir zu dir gehören, und wir geben es auf aus Liebe, damit du es heilig machen kannst." Das erfordert von uns ein gewisses Maß an Vertrauen. Doch der Lohn dafür ist absoluter Friede, der sich mit dem Wissen einstellt, dass unser Leben Gott verherrlicht, dass es kein Unfall oder das Spiel blank liegender

Nerven ist, sondern dass unsere Zeit in seinen Händen liegt. Sogar in unserem Leid sind wir in seinen Armen geborgen. Nicht einmal eine globale Pandemie kann uns den Sinn und Zweck unseres Lebens vorschreiben. Niemand nimmt unser Leben – wir geben es hin. Dies ist die Realität unserer Hoffnung.

DIE GNADE DER KLAGE

Ausreichende Gnade beseitigt nicht alle unsere Ängste und Zweifel. Es führt kein Weg daran vorbei: Auch in der Hoffnung gibt es Raum für Fragen. Es ist möglich, Glauben zu haben, auch wenn es mehr Fragen als Antworten gibt. Es ist möglich, zu trauern und gleichzeitig Hoffnung zu haben. Es ist nicht nur möglich, es ist auch biblisch. Wir nennen es Klagen. Unter den 150 Psalmen des Gebetbuchs, das wir Psalter nennen, gibt es unterschiedliche Arten von Psalmen, darunter Dank-, Königs-, Wallfahrts- Klage- und sogar Fluchpsalmen (Gebete, die wir beten, wenn wir wütend sind). Als inspiriertes Wort Gottes bieten die Psalmen uns Beispiele dafür, wie man in jeder Lebenssituation beten kann.

Dankpsalmen (*hallel* – daher kommt unser Wort „Halleluja") sind die Loblieder, die wir singen, wenn das Leben in Ordnung ist und wir Gottes Gegenwart besonders nahe spüren. Klagepsalmen hingegen sind die Gebete, die wir in unserem Schmerz zu Gott schreien, wenn das Leben hart und ungewiss ist und kein Ende des Leides in Sicht ist. Die beiden wichtigsten Fragen, die in der Klage aufgeworfen werden, sind: „Warum passiert das?" und „Wie lange wird das noch so weitergehen?" Gott lässt nicht nur diese Art von Fragen zu, sondern es ist auch interessant festzustellen, dass 70 Prozent der biblischen Psalmen Schmerzensgebete sind, keine Lobpreisgebete – Klage, nicht Hallel. Jesus selbst hat während seines Leidens am Kreuz einen Klagepsalm (Psalm 22) gebetet.

Das Markenzeichen der Klage ist nicht der Zweifel, sondern das tief verwurzelte Vertrauen in die Treue Gottes. Auch wenn die Klage als ein Schrei der Verzweiflung beginnen kann, ist ihr wichtigstes Merkmal das tiefe Vertrauen in das Wesen, den Charakter und die Macht Gottes, der in der Dunkelheit, der Schwäche und dem Leid des Lebens gegenwärtig ist, daran teilnimmt und darauf achtet. Die Klage ist eine völlige Abhängigkeit und Hingabe an einen Gott, der zwar weit weg zu sein scheint, aber niemals abwesend ist.

Ich habe einen Freund, bei dem eine seltene Form von Krebs diagnostiziert wurde. Aufgrund der Seltenheit der Krankheit versuchen seine Ärzte verschiedene Therapieformen, von denen viele sich noch im Versuchsstadium befinden. Leider hat sich der Krebs trotz der bestmöglichen Behandlung auf dem neusten Stand der Wissenschaft in seinem Körper weiter ausgebreitet. Eines Tages, als es wieder schlechte Nachrichten vom behandelnden Arzt gab, postete seine Frau dieses Zeugnis auf Facebook: „Während die medizinischen Behandlungsmöglichkeiten abnehmen, nimmt die Realität der Gegenwart Gottes zu." Ich kenne keinen schöneren Ausdruck von rechtschaffener Klage und Hoffnung auf die ausreichende Gnade Gottes.

Wenn der Herr bei uns ist, sind wir in unseren schwächsten Momenten stärker als in unseren stärksten Momenten ohne ihn. Wir haben diese Gewissheit für die Reise der Gnade: Seine Stärke zeigt sich in unserer Schwäche. Dies ist eine Hoffnung, die uns nicht enttäuscht. Der Apostel Petrus soll das Letzte Wort zum Thema ausreichende Gnade haben: „Gott hat euch in seiner Gnade durch Christus zu seiner ewigen Herrlichkeit berufen. Nachdem ihr eine Weile gelitten habt, wird er euch aufbauen, stärken und kräftigen; und er wird euch auf festen Grund stellen." (1. Petrusbrief 5,10)

NACHWORT: JESUS CHRISTUS IST HERR

Ein Leben, das Gott ganz und gar hingegeben ist, ist für ihn mehr wert als hundert Leben, die einfach nur von seinem Geist erweckt wurden. – Oswald Chambers

So viel hat sich in den letzten hundert Jahren verändert. Stellen Sie sich vor, Sie wären im Jahr 1920 geboren und würden im Jahr 2020 leben. In nur einem einzigen Jahrhundert hat sich der kulturelle Kontext in allen Regionen der Welt drastisch verändert: von der Industrie- zur Informationsgesellschaft (Gutenberg zu Google), vom ländlichen zum städtischen Raum und vom modernen zum postmodernen Denken. Das sind tektonische Verschiebungen von kulturellen Merkmalen, die in den vorherigen fünfhundert Jahren weitgehend unverändert blieben. Während die Menschen ein halbes Jahrtausend lang in einem Umfeld des kontinuierlichen Wandels lebten (die Dinge entwickelten sich aus dem Vorangegangenen und konnten daher erwartet, erahnt und bewältigt werden), kam es plötzlich zu einer Situation des rasanten, diskontinuierlichen Wandels, der disruptiv und unvorhersehbar war.[1] Wir treiben in weitgehend unbekannten Gewässern.

Diese grundlegenden Veränderungen haben zu neuen Situationen geführt, die alte Annahmen darüber, wie die Welt funktioniert, in Frage stellen. Dies hat dazu geführt, dass die Ekklesiologie (Wesen und Struktur der Kirche) und Missiologie (Einsatz der Kirche für die Mission Gottes) notgedrungen hochgradig anpassungsfähig wurden, ohne dabei Kompromisse einzugehen. Was jedoch in dieser Zeit des rasanten, diskontinuierlichen Wandels in wichtigen Aspekten konstant bleibt, ist der ewige Grundsatz, dass Jesus der Weg, die Wahrheit und das Leben ist – oder, in den Worten des frühesten christlichen Bekenntnisses: „Jesus Christus ist Herr."

Wen wir als „Herrn" bezeichnen, ist ein wesentliches Fundament für die Reise der Gnade. Wenn wir sagen: „[BITTE LÜCKE AUSFÜLLEN] ist ‚Herr'" (wobei es wirklich keine Rolle spielt, ob es sich um eine andere Person, eine andere Sache oder um uns selbst handelt), dann ändert sich die gesamte Erzählung, einschließlich des Endziels und des Endergebnisses. Wenn wir aber wirklich glauben, dass Jesus Christus der von Gott eingesetzte Herr von Ewigkeit zu Ewigkeit ist, dann kann es nur eine richtige Antwort geben: Nachfolge. Richard John Neuhaus erinnert uns daran, dass Herrschaft „nicht nur die Bekräftigung einer Tatsache, sondern ein Versprechen persönlicher und gemeinschaftlicher Treue" ist.[2] Weil Jesus Christus der Herr ist, wollen wir so sein wie er. Wir wollen tun, was Jesus getan hat, und so leben, wie er gelebt hat. Das ist die Definition christlicher Nachfolge und immer noch die Art und Weise, wie Jesus in seine Kirche kommt.

Dallas Willard bemerkt treffend, dass das Neue Testament eine Sammlung von Büchern über Nachfolger, von Nachfolgern und für Nachfolger Jesu Christi ist.[3] Das Ziel der Nachfolge ist also nicht die Selbstverwirklichung („Ich muss mein wahres Ich und den besten Weg für mich finden") oder die Resignation vor den Kräften des Determinismus („Ich kann nichts dafür, so bin ich nun einmal"). Aus christlicher Sicht bedeutet die Treue zu sich selbst, dem Selbst treu zu sein, zu dem wir von Gott, dem Vater, berufen wurden – neu geschaffen nach dem Ebenbild seines Sohnes. Jesus nachzufolgen und ihm ähnlich zu werden ist das unumstößliche Ziel der Entdeckungsreise der Gnade. Der Verfasser des Johannesevangeliums legt großen Wert darauf, uns zu sagen, dass Jesus wie sein Vater aussieht und handelt: „Wer mich gesehen hat, hat den Vater gesehen!" (14,9), und dass Jesus das menschgewordene Wort ist, das von seinem Vater kommt und voller Gnade und Wahrheit ist (1,14). Wer Jesus ist und was Jesus tut, sind zwei Seiten derselben Medaille, eine Tatsache, die wichtige Punkte für die Art unserer Nachfolge aufwirft.

Entgegen der landläufigen Meinung ist Gott kein sentimentaler alter Mann mit einem langen weißen Bart, der abwinkend sagt: „Es ist egal, was sie tun; ich will nur, dass sich die Kinder amüsieren und Spaß haben." Gott ist auch nicht der strenge, harte, verärgerte Vater, der nur darauf wartet, dass seine Kinder Mist bauen, um sie im Zorn zu bestrafen. Ersteres ist Gnade ohne Wahrheit – milde Nachsicht ohne das Feuer der Heiligkeit, die zu verantwortungsloser Freizügigkeit führt. Zweiteres ist Wahrheit ohne Gnade – eine unbarmherzige Religiosität, die zu einer starren Gesetzlichkeit mit wenig Liebe führt. Es ist sicher nicht leicht, das Gleichgewicht zwischen Gnade und Wahrheit zu wahren, aber sie müssen wegen der Notwendigkeit und Integrität der heiligen Liebe in Spannung gehalten werden.

Grundsätzlich ist die Tatsache, dass so viele Menschen in unseren Kirchen nur dem Namen nach Christen, jedoch keine Nachfolger des Herrn Jesus Christus sind, das große Problem der Kirche heute. Die Tatsache, dass hingebungsvolle Nachfolge (ein Leben, in dem man lernt, wie Jesus im Reich Gottes zu leben) optional

geworden ist, außer für die Radikalsten unter uns, ist verhäng-
nisvoll – nicht nur, weil dadurch die Vorstellung aufrechterhalten wird, dass Jesus dein Erlöser sein kann, ohne dein Herr zu
sein, sondern, was vielleicht noch wichtiger ist, weil sie auf der
Annahme basiert, dass die Gnade uns so annimmt, wie wir sind,
aber keinen Einfluss darauf hat, was aus uns wird.

C. S. Lewis' Feststellung, dass „der Christ nicht glaubt, dass Gott
uns liebt, weil wir gut sind, sondern dass Gott uns gut macht,
weil er uns liebt", ist schlicht eine andere Art zu sagen, dass Gott
uns so liebt, wie wir sind, aber uns zu sehr liebt, um uns so zu be-
lassen. Gottes Liebe ist heilige Liebe, und deshalb ist ihm nicht
egal, welche Art von Menschen wir werden. Heilige Liebe ist voller Gnade und Wahrheit. Heilige Liebe verdrängt billige Gnade.
Heilige Liebe wird zur Voraussetzung und zum Mittel der Nachfolge. Heilige Liebe verlangt, dass wir unser Kreuz auf uns nehmen und Jesus nachfolgen.

Wenn die Botschaft, das Kreuz auf sich zu nehmen, uns als un-
zeitgemäß und schwer vermittelbar erscheint, dann sollten wir
die Alternative bedenken: eine blutleere und fade Existenz eines
selbstbezogenen Lebens: Religion ohne Beziehung. Ich konnte
nicht umhin, Dallas Willards Bemerkungen über die Kosten der
„Nicht-Nachfolge" (seine Wortwahl) zu zitieren:

> Der Preis der Nicht-Nachfolge ist weitaus höher
> ... als der Preis, den wir für den Weg mit Jesus
> bezahlen. ... Nicht-Nachfolge kostet uns den dau-
> erhaften Frieden, ein Leben, das durch und durch
> von Liebe durchdrungen ist, den Glauben, der
> alles im Licht von Gottes Herrschaft sieht, die al-

les zum Guten wendet, die Hoffnung, die auch
in den schwierigsten Umständen standhaft bleibt,
die Kraft, das Richtige zu tun und den Mächten
des Bösen zu widerstehen. Kurz gesagt, die Nicht-
Nachfolge kostet Sie eben jenes Leben in ganzer
Fülle, von dem Jesus sagte, er sei gekommen, um
es zu bringen (Johannes 10,10). Das Joch Christi in
Form des Kreuzes ist schließlich ein Instrument
der Befreiung und der Kraft für diejenigen, die mit
ihm darin leben und die Sanftmut und Demut des
Herzens lernen, die der Seele Ruhe bringen.[4]

Nachfolge ist eine Entdeckungsreise der Gnade, die mit Jesus,
dem Weg, der Wahrheit und dem Leben, beginnt und endet. Das
Ziel der Nachfolge ist es, Jesus zu folgen, indem wir ihm aus Gnade immer ähnlicher werden. Die Reise wird durch die Gnade initiiert und aufrechterhalten, aber sie wird verwirklicht, wenn wir
aus freien Stücken mit Jesus als Herrn zusammenarbeiten.

Christen werden geboren; Nachfolger werden gemacht. Christusähnlichkeit ist unsere Bestimmung.

Anmerkungen

Einführung

[1]Richard John Neuhaus definiert *Telos* als „das ultimative Ziel, das der betreffenden Sache Bedeutung verleiht". Neuhaus, *Death on a Friday Afternoon: Meditations on the Last Words of Jesus from the Cross* (New York: Basic Books, 2000), S. 127.

[2]James K. A. Smith, *You Are What You Love: The Spiritual Power of Habit* (Grand Rapids: Brazos Press, 2016), S. 66.

[3]John Bunyans *Pilgerreise zur seligen Ewigkeit* (1678) war eine frühe literarische Version dieses Konzepts der Reise, die man unternimmt, um aus einem Land oder Königreich in ein anderes zu wechseln.

[4]Smith, *You Are What You Love*, S. 66.

[5]Frederick Dale Bruner bezeichnet Johannes 14–16 als die „Jüngerschaftspredigten" Jesu, wobei Kapitel 17 als Schlussgebet und insgesamt als „Jesu kompakte systematische Theologie für seine missionarische Gemeinde" dient. Bruner, *The Gospel of John: A Commentary* (Grand Rapids: Eerdmans, 2012), S. 78

[6]Viele halten Raymond Brown für den herausragenden Fachmann zum Johannesevangelium seiner Generation. Er glaubt, „der Weg ist das primäre Prädikat [der Aussage Jesu], und die Wahrheit und das Leben sind nur Erklärungen des Weges". Brown, *The Gospel According to John XII-XXI, The Anchor Bible Commentary* (New York: Doubleday, 1970), S. 621. Wenn das stimmt, dann sind „Wahrheit" und „Leben" Erklärungen des Weges – oder anders gesagt: Jesus ist der Weg, weil er die Wahrheit und das Leben ist. Jesus verkörpert persönlich alle drei.

[7]Bruner, *The Gospel of John*, S. 811. Bruner erinnert uns daran, dass „Jesu Offenbarung über Gott den Vater uns große Hoffnung gibt, dass auch der Vater [wie Jesus] sehr, sehr gut sein muss – und in der Tat ist und immer war".

[8] Ich habe mich zu diesem Satz von einer poetischen Fußnote inspirieren lassen, zu finden in *The Wesley Study Bible: New Revised Standard Version*, Joel B. Green and William H. Willimon, Hrsg. (Nashville: Abingdon Press, S. 2009).

[9]Damit soll nicht die Souveränität Gottes eingeschränkt werden, Anhängern anderer Religionen und Glaubenstraditionen gegenüber gnädig zu sein, die möglicherweise sterben, ohne je den Namen Jesu gekannt oder gehört zu haben. Gott hat immer die Freiheit, das zu tun, was er souverän beschließt zu tun. Ich rechne fest damit, bei der Versöhnung aller Dinge von der Gnade überrascht zu werden.

[10]Niemand glaubt wohl aufrichtiger an seine Wahrheit als ein Selbstmordattentäter. Jedoch reicht Aufrichtigkeit nicht aus – ganz gleich, wie leidenschaftlich man sich für seine Wahrheit einsetzt – wenn sie nicht in ultimativer Realität verankert ist.

[11]Bruner, *The Gospel of John*, S. 823.

[12]Das Pronomen [*ego*, „ich"] ist betont und verlagert den Schwerpunkt von einer Methode auf eine Person. Bemerkenswert ist auch, und das wurde schon unzählige Male hervorgehoben, dass die „Ich-bin-Worte" Jesu im Johannesevangelium eine Anspielung auf Gottes Worte an Mose im brennenden Dornbusch sind: „Ich bin, der ich immer bin" (Exodus 3,14). „Ich bin" wurde in den hebräischen Schriften als *Jahwe* bekannt.

[13]Bruner, *The Gospel of John*, S. 812.

[14]Lesslie Newbigin, *The Light Has Come: An Exposition of the Fourth Gospel* (Grand Rapids: Eerdmans, 1987), S. 181.

[15]Thomas von Kempen, *Nachfolge Christi*, Buch 3, Kapitel 56 (ca. 1418–1427 der englischen Ausgabe).

Kapitel 1: Erstaunliche Gnade

[1]Während ich dies in einer Flughafenlounge in Johannesburg, Südafrika, schreibe, höre ich, wie einer der Angestellten das Lied leise auf Afrikaans singt. Der amerikanische Journalist Bill Moyers besuchte eine Aufführung im Lincoln Center, bei der das Publikum „Amazing Grace" sang. Er war so beeindruckt von der verbindenden Kraft des Liedes, das Christen und Nichtchristen gleichermaßen anspricht, dass er sich zu einem gleichnamigen Dokumentarfilm inspirieren ließ.

[2]Dies ist eine sinngemäße Umschreibung der Definition von Gnade, die dem inzwischen verstorbenen neutestamentlichen Gelehrten, Linguisten und Missionsleiter Spiros Zodhiates zugeschrieben wird.

[3]Das griechische Wort *charis* wird im Lateinischen mit *gratia* übersetzt, woraus sich in vielen Sprachen das Wort „Grace, Gnade" ableitet.

[4] Thomas A. Langford, *Reflections on Grace* (Eugene, OR: Cascade Books, 2007).

[5] In *Paul and the Gift* (Grand Rapids: Eerdmans, 2015) legt John M. G. Barkley überzeugend dar, dass die Vorstellung von „Geschenk" als etwas, das „gratis, umsonst" gegeben wird, ein modernes westliches Konzept ist. In der gesamten Antike und auch heute noch in vielen Teilen der Welt werden Geschenke in der Erwartung einer Gegenleistung gemacht – auch um etwas zu gewinnen, das die soziale Solidarität stärkt. Im Evangelium des Neuen Testaments wird das „Geschenk" der Erlösung so verstanden, dass es zwar nicht verdient ist und nicht verdient werden kann, dass aber die Gnade zur Gerechtigkeit führt und die Gerechtigkeit zum Gehorsam.

[6] Philip Yancey, *What's So Amazing about Grace?* (Grand Rapids: Zondervan, 1997), S. 70.

[7] „Gottes wesentlichstes Merkmal ist die Liebe. ‚Gott ist Liebe' ist der einfache und doch höchst tiefgründige Ausspruch des Johannes. Wir können die Liebe Gottes mit dem Wort ‚heilig' ergänzen. Doch fügt dies wenig zum Verständnis Gottes hinzu, weil Gottes Liebe von seinem Wesen her heilig ist. Der Zusatz „heilig" erinnert uns jedoch daran, dass Gott jenseits von uns ist, in dem Sinne, dass er anders ist als wir. Gott ist heilig und in seinem Wesen immer von uns verschieden." Diane LeClerc, *Völlig verändert, Was Heiligung heute bedeutet*, Kirche des Nazareners, Deutscher Bezirk e.V., 2018, S. 342.

[8] Yancey, *What's So Amazing about Grace?*, S. 70.

[9] Ich spreche hier bewusst von „Söhnen" im Plural. Jesu Lehre in diesem Gleichnis scheint klar darauf hinauszulaufen, dass beide Söhne aus unterschiedlichen Gründen verloren waren – aber nur einer ging von zu Hause weg.

[10] Wenn das Johannesevangelium vom Heiligen Geist als einem „anderen" Ratgeber spricht, bedeutet dies, dass der Geist der Wahrheit den Dienst Jesu, der Wahrheit, fortsetzen wird (14,6.16–17).

[11] Langford, *Reflections on Grace*, S. 18.

[12] Diarmaid MacCulloch, *Christianity: The First Three Thousand Years* (New York: Penguin Books, 2009), S. 9.

[13] *dikaioun*, „gerecht gemacht werden" (oder in der Formulierung, die durch die protestantische Reformation im 16. Jahrhundert berühmt wurde,

„gerechtfertigt werden"), bedeutet, dass es eine Gnade gibt, die von außerhalb unserer selbst kommt.

[14] *Strong's Concordance of the New Testament* gibt an, dass *charis*, „Gnade", mindestens achtundachtzig Mal in den Briefen des Paulus an die Gemeinden des ersten Jahrhunderts erscheint.

[15] Diese wichtige Unterscheidung verdanke ich Daniel Gomis, dem Regionaldirektor der Kirche des Nazareners für Afrika.

[16] Dietrich Bonhoeffer, *Nachfolge* („Dietrich Bonhoeffer Werke" Bd. 4, Gütersloher Verlagshaus, Gütersloh, 1992), S. 47.

[17] Bonhoeffer, *Nachfolge*, S. 30.

[18] Bonhoeffer, *Nachfolge*, S. 29, 37, 42.

[19] Bonhoeffer, *Nachfolge*, S. 37.

[20] Bonhoeffer, *Nachfolge*, S. 51.

[21] Bonhoeffer, *Nachfolge*, S. 31.

[22] Yancey, *What's So Amazing About Grace?*, S. 67. Deutscher Buchtitel: Gnade ist nicht nur ein Wort.

[23] Yancey, *What's So Amazing About Grace?*, S. 67.

Teil I: Der Weg

Kapitel 2: Suchende Gnade

[1] Teile dieses Kapitels sind aus einem Kapitel des Autors übernommen und angepasst worden, das die Bezeichnung trägt: „The Grace That Goes Before: Prevenient Grace in the Wesleyan Spirit," von David A. Busic, in *Wesleyan Foundations for Evangelism*, hrsg. von Al Truesdale (Kansas City, MO: Foundry Publishing, 2020). Mit Genehmigung verwendet.

[2] Die Formulierung „ein langer Gehorsam in derselben Richtung" stammt aus dem Buch des Pastors und Theologen Eugene Peterson mit dem Titel *A Long Obedience in the Same Direction: Discipleship in an Instant Society* (Downers Grove, IL: InterVarsity Press, 1980). Deutscher Buchtitel: Die Seele geht zu Fuß.

[3] Auch wenn die Gnade nicht in einer festen Reihenfolge von Ereignissen erfahren wird, sprechen Theologen von einer Heilsordnung (*ordo salutis*). Diane LeClerc weist jedoch auf einen wichtigen Punkt hin: „Da dies oft als eine Abfolge von Schritten im Leben eines Christen erscheint, ziehen manche

Gelehrten den Begriff *via salutis*, oder Weg der Errettung vor, um den fließenden Übergang von einer Stufe zur nächsten zu betonen." In *Völlig verändert: Was Heiligung heute bedeutet*, Kirche des Nazareners, Deutscher Bezirk e.V., 2018, S. 396.

[4]Dies war ein wichtiger Punkt im letzten Kapitel. Gnade ist keine Sache – Gnade ist eine Person und persönlich. Tom Noble weist darauf hin, dass die Tendenz, Gnade als objektive Kraft oder Substanz zu betrachten, aus dem mittelalterlichen Augustinismus stammt. Es tauchten verschiedene Arten der Gnade auf, die den Christen eingeflößt werden konnten. Diese Tendenz breitete sich in der protestantischen Scholastik des siebzehnten Jahrhunderts aus. „Dieses scholastische Modell der Gnade bringt seine eigenen Probleme mit sich, insbesondere die Tendenz, das Handeln Gottes zu entpersönlichen und das persönliche Handeln des Geistes durch diese unpersönliche Substanz namens ‚Gnade' zu ersetzen." T. A. Noble, *Holy Trinity: Holy People: The Theology of Christian Perfecting* (Eugene, OR: Cascade Books, 2013), S. 100.

[5]Jack Jackson, *Offering Christ: John Wesley's Evangelistic Vision* (Nashville: Kingswood Books, 2017), S. 53.

[6]John Wesley, Sermon 110, „Free Grace," *Sermons III*: S. 71-114, Bd. 3 in *The Bicentennial Edition of the Works of John Wesley* (Nashville: Abingdon Press, 1986), 3.544, Par. 1.

[7]Jackson, *Offering Christ*, 53.

[8]In Anlehnung an das von William Greathouse und H. Ray Dunning vertretene Verständnis von „Errettung" als theologischem Begriff mit weit gefassten Konnotationen: „[Errettung] umfasst das gesamte Werk Gottes, das darauf abzielt, den Menschen in den von ihm verlorenen Zustand zurückzubringen. Sie beginnt mit der anfänglichen Errettung und umfasst alle Aspekte dieser Wiederherstellung bis hin zur endgültigen Errettung oder ‚Verherrlichung'." William M. Greathouse and H. Ray Dunning, *An Introduction to Wesleyan Theology* (Kansas City, MO: Beacon Hill Press of Kansas City, 1982), S. 75. Außerdem erklären Greathouse und Dunning, dass die Errettung nicht in einem einzigen Ereignis oder einer einzigen Erfahrung verortet ist: „Das Neue Testament spricht von der Errettung in drei Zeitformen: Vergangenheit (war), Gegenwart (ist) und Zukunft (wird)."

[9]Jackson, *Offering Christ*, S. 43-44. Siehe auch Randy Maddox, *Responsible Grace: John Wesley's Practical Theology* (Nashville: Kingswood, 1994), S. 8.

¹⁰In der katholischen Tradition wird die „tatsächliche Gnade" in zwei Teile unterteilt: „Wirkende zuvorkommende Gnade" und „mitwirkende nachfolgende Gnade".

¹¹Lovett H. Weems, Jr., *John Wesley's Message Today* (Nashville: Abingdon Press, 1991), S. 23.

¹²N. T. Wright, *Paul: A Biography* (San Francisco: HarperOne, 2018), S. 96.

¹³Beachten Sie, dass Gott sowohl der Initiator als auch der Ermöglicher der Entdeckungsreise der Gnade ist.

¹⁴Ich füge hier „die Kirche" hinzu, weil die Empfänger im Plural angesprochen werden.

¹⁵Zitiert in John Wesley, *The Works of the Rev. John Wesley* (Kansas City, MO: Nazarene Publishing House, n. d.; und Grand Rapids: Zondervan Publishing House, 1958, zeitgleiche Ausgaben), VI, S. 513.

¹⁶Das englische Wort „Providence", das hier mit Vorsehung übersetzt wird, kommt von zwei lateinischen Wörtern: der Vorsilbe *pro*, die „vor" oder „für" bedeutet, und *videre*, was „sehen" bedeutet. Manchmal werden zwei Kategorien von Vorsehung unterschieden: Die „allgemeine Vorsehung", Gottes Fürsorge für das Universum, und die „besondere Vorsehung", Gottes Eingreifen in das Leben der Menschen.

¹⁷Wesley, *Works*, VI, S. 512.

¹⁸Einige haben sich besorgt über die Wahl des Wortes „rücksichtslos" in diesem Lied geäußert. Wenn es fahrlässig bedeutet, ist es problematisch. Wenn es kühn, überraschend und extravagant bedeutet, kommt es der Beschreibung der Liebe Gottes schon näher.

Teil II: Die Wahrheit

Kapitel 3: Rettende Gnade

¹Albert L. Winseman, „Eternal Destinations: Americans Believe in Heaven, Hell", 25. Mai 2004, `https://news.gallup.com/poll/11770/eternal-destinations-americans-believe-heaven-hell.aspx`.

²Jom = „Tag"; Kippur = „sühnen; reinigen".

³Der Überlieferung nach war derjenige, der mit der Aufgabe betraut wur-

de, den Sündenbock freizulassen, ein Nichtjude, der keine Verbindung zum Volk Israel hatte.

[4] Wesley, *The Works of John Wesley*, Bd. 12 (Kansas City, MO: Beacon Hill Press of Kansas City, 1978), S. 394. Siehe auch Jakobusbrief 4,17.

[5] William Barclay, *The Gospel of Matthew*, Bd. 1 (Louisville, KY: Westminster John Knox Press, 1956), S. 253. Siehe auch H. G. Liddell, *A Lexicon: Abridged from Liddell and Scott's Greek-English Lexicon* (Oak Harbor, WA: Logos Research Systems, Inc., 1996), S. 4.

[6] Vertreter der wesleyanischen Heiligungslehre verstehen, dass Sünde mehr beinhaltet als eine Handlung. Susanna Wesley ist berühmt für ihre Aussage, die sie am 8. Juni 1725 in einem Brief an ihren Sohn John schrieb: „Nimm dies als Regel: Was immer deine Vernunft schwächt, die Sensibilität deines Gewissens beeinträchtigt, deinen Sinn für Gott verdunkelt oder dir die Lust an geistlichen Dingen nimmt, kurz, was immer die Stärke und Macht deines Körpers über deinen Verstand erhöht, das ist für dich Sünde, wie unschuldig es auch sein mag".

[7] Geoffrey Bromiley weist auf die interessante Tatsache hin, dass die Bibel die Sünde oft „personifiziert", um die Macht und Kontrolle der Sünde über unser Leben zu verdeutlichen. Bromiley, *Theological Dictionary of the New Testament: Abridged in One Volume* (Grand Rapids: Eerdmans, 1985), S. 4.

[8] N. T. Wright, *Evil and the Justice of God* (Downers Grove, IL: InterVarsity Press, 2006), S. 9.

[9] Der Glaube, dass Jesus am Kreuz den Sieg über die Mächte des Bösen errungen hat, wird als *Christus-Victor-Theorie* der Sühne bezeichnet. N. T. Wright kommentiert: „Ich neige dazu, das Thema *Christus Victor*, den Sieg Jesu Christi über alle Mächte des Bösen und der Finsternis, als das zentrale Thema der Sühnetheologie zu betrachten, um das herum alle anderen vielfältigen Bedeutungen des Kreuzes ihre besondere Nische finden." Wright, *Evil and the Justice of God*, S. 114. Dagegen legt Fleming Rutledge überzeugend dar, dass alle biblischen Themen der Sühne zusammen ein schönes Ganzes bilden, um die Tiefe und das Geheimnis des Kreuzes zu verstehen. „Die der Wahrheit am nächsten kommende Art, das Evangelium vom gekreuzigten Christus zu empfangen, besteht darin, eine tiefe Wertschätzung für die Art und Weise zu hegen, wie die biblischen Motive miteinander interagieren und sich gegenseitig erweitern. Kein einziges Bild kann dem Ganzen gerecht werden; alle sind

Teil des großen Dramas der Erlösung". Rutledge, *The Crucifixion: Understanding the Death of Jesus Christ* (Grand Rapids: Eerdmans, 2015), S. 6–7.

[10]Eine ausführliche Erklärung der Bedeutung von „Fleisch" ist in Kapitel 4, „Heiligende Gnade" enthalten.

[11]Dietrich Bonhoeffer, *Gemeinsames Leben* (Gütersloh: Kaiser Taschenbücher, 1993), S. 18–19.

[12]Ich verdanke diese Definition einer Predigt von Tim Keller, kann mich aber nicht mehr erinnern, welche Predigt es war.

[13]„Moralistischer therapeutischer Deismus" ist ein Begriff, der von Christian Smith und Melinda Lundquist Denton eingeführt wurde, um amerikanische Jugendliche an der Wende zum einundzwanzigsten Jahrhundert und den daraus resultierenden kulturellen Rahmen zu beschreiben, in dem postmoderne Menschen über Gott denken. Smith and Denton, *Soul Searching: The Religious and Spiritual Lives of American Teenagers* (New York: Oxford University Press, 2005).

[14]In einem Artikel der New York Times wird berichtet, dass eine Gruppe von Journalisten auf ein Gerüst klettern und die restaurierte Skulptur vor dem Publikum in Augenschein nehmen durfte. „Die Rekonstruktion des beschädigten Schleiers, der Augenpartie, der Nase, des Arms und der Hand sah einwandfrei aus, abgesehen von winzigen Fältchen, die nur bei genauem Hinsehen sichtbar waren. Es gab keinen erkennbaren Unterschied in der Farbe der reparierten Teile und der umgebenden Marmoroberfläche der Skulptur. ‚Wir haben wie Zahnärzte gearbeitet', sagte Deoclecio Redig de Campos." Paul Hoffman, „Restored Pieta Show; Condition Near Perfect" New York Times, 5. Januar 1973, https://www.nytimes.com/1973/01/05/archives/restored-pieta-shown-condition-near-perfect-marks-on-marys-cheek.htm

[15]Peterson, Eugene. *The Message*, Epheser 2,7-10.

Teil III: Das Leben

Kapitel 4: Heiligende Gnade

[1]Rechtfertigung bedeutet, durch die Gnade Gottes, durch die unsere Sünden vergeben und unsere Schuld durch das Sühneopfer des Todes Jesu am Kreuz beseitigt wird, mit Gott ins Reine zu kommen. Siehe Kapitel 3, „Rettende Gnade".

[2]*Imago Dei* ist die lateinische Übersetzung von „Ebenbild Gottes". Auch

wenn das moralische Ebenbild Gottes in der Menschheit als Folge des Sündenfalls beschädigt ist, bewahrt die wesenhafte Natur Gottes den Wert eines
jeden Menschen, der nach dem Ebenbild Gottes geschaffen ist. Diane LeClerc
verweist darauf, dass die Nazarener-Theologin Mildred Bangs Wynkoop im
Einklang mit der Lehre John Wesleys „das Ebenbild Gottes im Menschen als
die Fähigkeit zu lieben definiert, im Kontext einer Beziehung zu Gott, zu anderen, zu sich selbst und zur Erde." LeClerc, *Völlig verändert: Was Heiligung
heute bedeutet*, Kirche des Nazareners, Deutscher Bezirk e.V., 2018, S. 394. Siehe auch den letzten Abschnitt dieses Kapitels, „Definition der völligen Heiligung".

[3]Greathouse und Dunning, *An Introduction to Wesleyan Theology* (Kansas City, MO: Beacon Hill Press of Kansas City, 1982), S. 52. Im weiteren Verlauf erläutern sie die historische Bedeutung der Erbsünde (Römerbrief 5,12–
21) und die existenzielle Bedeutung der Erbsünde (Römerbrief 7,14–25), S. 53-
54. Die wesleyanische Sicht der Erbsünde unterscheidet sich von der calvinis-
tischen Lehre der völligen Verderbtheit.

[4]N. T. Wright, *The Day the Revolution Began: Reconsidering the Meaning
of Jesus's Crucifixion* (New York: HarperCollins Publishers, 2016), S. 76-77.

[5]Eine Zwei-Naturen-Lehre des christlichen Lebens wurde im späten
neunzehnten und frühen zwanzigsten Jahrhundert durch eine weit verbreitete dispensationalistische Sichtweise eingeführt, die einen weitreichenden
Einfluss auf viele Evangelikale hatte, einschließlich einer Reihe bemerkens-
werter evangelikaler Prediger und Lehrer. Dieser Einfluss führte dazu, dass
der Übersetzungsausschuss der frühesten (1973) Ausgabe der New Internatio-
nal Version, „Fleisch" (*sarx*) mit „sündige Natur" übersetzte. Dunning weist
darauf hin, dass Greathouse später meinte, es sei „praktisch unmöglich, diese
[Version der Übersetzung] als Grundlage für eine getreue Auslegung des
griechischen Originals zu verwenden". Der Übersetzungsausschuss für die
NIV hat 2011 diese Übersetzung revidiert und stattdessen „Fleisch" verwendet. Dunning, *Pursuing the Divine Image: An Exegetically Based Theology of
Holiness* (Marrickville, New South Wales: Southwood Press, 2016), Kindle-
Seitenangabe S. 786.

[6]S. 37. Greathouse und Dunning definieren das Fleisch als „‚Ich', das für
sich selbst lebt". Greathouse und Dunning, *An Introduction to Wesleyan
Theology*, S. 53.

[7]Martin Luther, *Lectures on Romans*, WA 56.304.

[8]Für „Fleisch" und „Körper" werden im Neuen Testament zwei verschiedene Wörter verwendet: *sarx* und *soma*.

[9]Ein großer Teil der Irrlehre des Gnostizismus basiert auf dem Missverständnis, dass das Fleisch dem Körper entspricht. Die platonische Vorstellung von einer abstrakten erhabenen Seele veranlasst manche auch heute noch, den Körper zu verachten und die Unsterblichkeit einer körperlosen ewigen Seele zu betonen. Dieser Irrtum steht jedoch im Widerspruch zur biblischen Lehre von der leiblichen Auferstehung. Um dieses weit verbreitete Missverständnis zu bekämpfen, unterstrichen die frühesten christlichen Glaubensbekenntnisse die Bedeutung der leiblichen Auferstehung (z. B. „Wir glauben an die Auferstehung des Leibes und an das ewige Leben", Apostolisches Glaubensbekenntnis).

[10]Obwohl „Erneuerung" an sich kein biblisches Wort ist, haben Theologen das Wort geschaffen, um das neue Leben zu beschreiben, das einem Menschen durch die Gnade der Wiedergeburt in Christus geschenkt wird. Man wird in einem sehr realen Sinne zu einem neuen Leben erweckt, es findet eine geistliche Auferstehung statt, und es kommt zu tatsächlichen sichtbaren und unsichtbaren Veränderungen.

[11]„Wesley hat diesen Begriff [anfängliche Heiligung] selbst nie benutzt, jedoch bringt dieser Begriff seinen Glauben zum Ausdruck, dass im Moment der Errettung der Prozess beginnt, im Zuge dessen ein Mensch gerecht gemacht wird." LeClerc, *Völlig verändert*, S. 392.

[12]„Der griechische Begriff, der mit ‚Gesinnung' übersetzt wird, ist einer der wichtigsten anthropologischen Begriffe, die Paulus verwendet. Er bezieht sich auf den vernunftbezogenen Aspekt einer Person, wenn die Urteilskraft ausgeübt wird". Dunning, *Pursuing the Divine Image*, Kindle-Seitenangabe S. 814. Die gottgegebene Fähigkeit jedes Menschen, zu denken und den Verstand einzusetzen, um Zusammenhänge zu verstehen, ist ein Aspekt des sogenannten wesleyanischen Quadrilaterals, der als „Vernunft" bezeichnet wird.

[13]Wesley, Sermon 13: „On Sin in Believers," in *The Complete Works of John Wesley: Bd. 1, Sermons 1-53* (Fort Collins, CO: Delmarva Publications, 2014), 3.2.

[14]Dunning weist darauf hin, dass „Fleischlichkeit ein irreführendes Wort ist, da es als Substantiv verwendet wird, während die Heilige Schrift fleischlich immer adjektivisch verwendet". Dunning, *Pursuing the Divine Image*, Kindle-Seitenangabe S. 2076. Damit wird auch die Vorstellung zurückgewie-

sen, dass „das Fleisch" eine Art Fremdkörper ist, wie ein „Krebsgeschwür, das bildlich in uns lebt" und operativ entfernt werden muss. Ebd., Kindle-Seitenangabe, S. 801. Befürworter des Konzepts, dass etwas entfernt werden muss, einschließlich einiger Heiligungsprediger des neunzehnten Jahrhunderts, bezeichnen dies als Ausmerzung.

[15]William H. Greathouse mit George Lyons, *New Beacon Bible Commentary, Romans 1–8: A Commentary in the Wesleyan Tradition* (Kansas City, MO: Beacon Hill Press of Kansas City, 2008), S. 182.

[16]Oswald Chambers bezeichnet das Konzept des „dem eigenen ich Sterbens" als Identifikation mit dem Tod Jesu und als bereitwilliges „Mit-Gekreuzigtsein". In gleicher Weise kann der Christ mit Jesus in seiner Auferstehung vereint sein und eine „Mitauferstehung" zu neuem Leben erleben. Das Auferstehungsleben Jesu wird jetzt im Leben der Heiligung erfahren. Chambers, *My Utmost for His Highest* (Uhrichsville, OH: Barbour and Company, 1935), S. 73.

[17]Chambers, *My Utmost for His Highest*, S. 58.

[18]Bill Hull, *The Disciple-Making Pastor* (Old Tappan, NJ: Revell, 1988), S. 13.

[19]James Emery White, *Rethinking the Church: A Challenge to Creative Redesign in an Age of Transition* (Grand Rapids: Baker Books, 1997), S. 55.

[20]White, *Rethinking the Church*, S. 56.

[21]Die Vorstellung, dass eine persönliche Beziehung zu Christus gleichbedeutend mit einer privaten Beziehung zu Jesus ist, ist in der westlichen Gesellschaft weitaus stärker verbreitet als in anderen Teilen der Welt. Individualismus gilt in den USA als kulturelle Tugend.

[22]White, *Rethinking the Church*, S. 57.

[23]N. T. Wright definiert das christliche Konzept der Tugend als die Veränderung des Charakters. Wright, *After You Believe: Why Christian Character Matters* (New York: HarperCollins Publishers, 2010). Eine ausführliche Erörterung des Konzepts der Tugend wird in Kapitel 5, „Erhaltende Gnade", geboten.

[24]Das Thema der sofortigen oder fortschreitenden, krisenhaften oder prozesshaften Erfahrung der völligen Heiligung ist unter Vertretern der wesleyanischen Heiligungslehre seit jeher ein viel diskutiertes Thema. John Wesley selbst betonte immer wieder, dass beides notwendig sei, und die frühen

Leiter der Kirche des Nazareners waren im Allgemeinen um ein Gleichgewicht bemüht. Generalsuperintendent R. T. Williams erklärte auf der Generalversammlung der Kirche des Nazareners 1928 Folgendes: „Die Kirche muss sowohl die Krise als auch den Prozess in der Religion betonen. Viele Jahre lang hatten Menschen der Heiligungsbewegung das Gefühl, dass das Werk, zu dem sie berufen waren, am Altar endete, wenn die Menschen, die nach vorne kamen, den Segen der Wiedergeburt und Heiligung empfingen, aber es wurde deutlich, dass unsere Arbeit an diesem Punkt erst begann. Die Kirche des Nazareners verbindet diese beiden großen Prinzipien, nämlich die Krise und den Prozess. Das Führen [der Menschen] zu Gott und zur Auferbauung des Leibes Christi durch die anfängliche Errettung und die Entwicklung des christlichen Charakters." *General Assembly Journal*, 1928, nachzulesen in Dunning, *Pursuing the Divine Image*, Kindle-Seitenangabe, S. 2176, Fußnote 26.

[25]Christliche Vollkommenheit ist ein biblischer Begriff, der im Laufe der Kirchengeschichte oft verwendet wurde. Die frühen Kirchenväter und -mütter setzten die Vollkommenheit mit der Idee der *Theosis*, oder Vergöttlichung, gleich: der Teilhabe an der göttlichen Natur. Das moderne Konzept von Vollkommenheit wird jedoch anders verstanden. Sie wurde nie tatsächlich als „sündlose Vollkommenheit" gelehrt, oder, wie Thomas Noble schreibt, „die Vorstellung, dass Christen in diesem Leben jenen endgültigen, absoluten Zustand der Vollkommenheit erreichen könnten, in dem sie sündlos und vollkommen heilig sind." T. A. Noble, *Holy Trinity, Holy People: The Historic Doctrine of Christian Perfecting* (Eugene, OR: Cascade Books, 2013), S. 22. Um die Verwirrung der modernen Auslegung zu vermeiden und die dynamischen Aspekte des Wachstums in der Gnade hervorzuheben, führt Noble aus: „Angesichts dieses dynamischen Konzepts der Vollkommenheit als Bewegung und nicht als endgültige Ankunft ist es vielleicht besser, diese Bedeutung des griechischen Wortes nicht mit dem Wort ‚Vollkommenheit' auszudrücken, sondern mit ‚Vervollkommnung' zu übersetzen". Ebd., S. 24.

[26]White, *Rethinking the Church*, S. 59.

[27]Wesley beschrieb die Heiligung gern als christliche Vollkommenheit und gab seinem berühmtesten Lehrkatechismus sogar den Titel „*A Plain Account of Christian Perfection*" (Eine klare Darstellung christlicher Vollkommenheit). Bei seiner Argumentation, dass die Erfahrung der vollkommenen Liebe oder „des die Liebe vollkommen machenden Gottes" in diesem Leben

verwirklicht werden kann, weist er auf folgende Punkte hin: „(1) Es gibt so etwas wie Vollkommenheit, denn sie wird in der Heiligen Schrift immer wieder erwähnt. (2) Sie wird nicht so früh wie die Rechtfertigung erfahren; denn die Gerechtfertigten sollen ‚zur Vollkommenheit fortschreiten'. (Hebräerbrief 6,1) (3) Sie wird nicht erst nach dem Tod erfahren; denn Paulus spricht von lebenden Menschen, die vollkommen waren. (Philipperbrief 3,15)". Wesley, *A Plain Account of Christian Perfection, Kommentiert*, Hrsg. Randy L. Maddox und Paul W. Chilcote (Kansas City, MO: Beacon Hill Press of Kansas City, 2015).

[28]John Wesley betonte in einer Predigt mit dem Titel „The Repentance of Believers" (Buße der Gläubigen) die ständige Notwendigkeit der Buße für Christen, die ein heiliges Leben führen wollen. In einem Vortrag auf einer Heiligungskonferenz sagte einer meiner Theologieprofessoren am theologischen Seminar, Rob L. Staples: „Völlige Heiligung kann verstanden werden als eine totale Hingabe an unsere Bestimmung der Theosis [Erneuerung im Ebenbild Gottes] mit einer ständigen Buße für und einer daraus resultierenden Reinigung von allem, was eine solche Hingabe behindert oder verwässert, oder was Wesley ‚die Buße der Gläubigen' nannte, von der er sagte, dass sie ‚in jeder nachfolgenden Phase unseres christlichen Weges erforderlich ist'". Staples, „Things Shakable and Things Unshakable in Holiness Theology", Revisioning Holiness Conference, Northwest Nazarene University, 9. Februar 2007.

[29]„Unter ‚Gnadenmitteln' verstehe ich äußere Symbole, Worte oder Handlungen, die von Gott dazu ausersehen und bestimmt sind, als gewöhnliche Kanäle zu fungieren, durch die er Menschen seine zuvorkommende, rechtfertigende oder heiligende Gnade übermitteln kann." Wesley, „Sermon 16: The Means of Grace," II.1, `http://wesley.nnu.edu/john-wesley/the-sermons-of-john-wesley-1872-edition/sermon-16-the-means-of-grace/`. Gnadenmittel werden manchmal auch als geistliche Disziplinen bezeichnet.

[30]Joel B. Green und William H. Willimon, Hrsg., *Wesley Study Bible New Revised Standard Version* (Nashville: Abingdon Press, 2009), S. 1488, Fußnote „Going on to Perfection".

[31]Eine ausführlichere Erörterung der Gnadenmittel finden Sie in Kapitel 5, „Erhaltende Gnade".

[32] Dallas Willard, *The Great Omission: Reclaiming Jesus's Essential Teachings on Discipleship* (New York: HarperCollins, 2006), S. 61.

[33] Willard, „Spiritual Formation: What It Is, and How It Is Done," n.d., `http://www.dwillard.org/articles/individual/spiritual-formation-what-it-is-and-how-it-is-done`.

[34] Weitere Informationen zum biblischen Verständnis der gegenseitigen Abhängigkeit finden Sie in der neutestamentlichen Lehre des Paulus über den menschlichen Körper als Metapher für die Gemeinde (1. Korintherbrief 12, Epheserbrief 4). Mehr zum Thema Wechselseitigkeit finden Sie in seiner Lehre über die christliche Ehe (Epheserbrief 5).

[35] White, *Rethinking the Church*, S. 61. Siehe auch Kapitel 5 und die Betonung der christlichen Rechenschaftspflicht und der erhaltenden Gnade.

[36] C.S. Lewis, *Pardon, ich bin Christ. Meine Argumente für den Glauben.* (Basel und Gießen: Brunnen-Verlag, 1977), S.181.

[37] Zum ersten Mal hörte ich diesen Satz, als Dennis Kinlaw ihn 1991 in einer Predigt während einer Andacht am Seminar verwendete. Soweit ich mich erinnern kann, habe ich damals zum ersten Mal verstanden, dass Gottes Kontrolle über mein Leben nicht einem Wunsch nach Manipulation, sondern einer Sehnsucht nach Intimität von Seiten Gottes entsprang. Meiner Meinung nach war Kinlaw bis zu seinem Tod im Jahr 2017 einer der besten Heiligungsprediger des späten zwanzigsten und frühen einundzwanzigsten Jahrhunderts.

[38] „Verherrlichung" bezieht sich auf den Zustand eines Gläubigen nach dem Tod und der finalen Auferstehung aller Dinge. „Durch Gottes Gnade werden wir schließlich verherrlicht werden – mit Christus auferstehen, wenn er wiederkommt, und in sein vollkommenes Ebenbild verwandelt werden, um seine Herrlichkeit für immer zu genießen". Greathouse und Dunning, *An Introduction to Wesleyan Theology*, S. 54. Zusätzlich dazu bezeichnet Diane Leclerc die Verherrlichung als finale Heiligung, „in der eine Person aus der eigentlichen Gegenwart der Sünde entfernt wird". Leclerc, *Völlig verändert*, S. 392.

[39] In Bezug auf die Vorstellung, dass die völlige Heiligung eine lebenslange Selbstverleugnung (des Fleisches) und das Aufnehmen des eigenen Kreuzes impliziert, „bezeichnete J. O. McClurkan, Leiter eines der südlichen Zweige der frühen Heiligungsbewegung, diesen letzten Aspekt des geheiligten Le-

bens als ‚einen tieferen Tod dem Selbst‘, der in Wirklichkeit während des gesamten christlichen Lebens stattfinden sollte. Aus Erfahrung erkannte er, dass nicht das ganze Leben in einen einzigen Moment der Erfahrung hinein komprimiert werden kann". Dunning, *Pursuing the Divine Image*, Kindle-Seitenangabe S. 853. Weitere Ausführungen hierzu finden Sie in William J. Strickland und H. Ray Dunning, *J. O. McClurkan: His Life, His Theology, and Selections from His Writings* (Nashville: Trevecca Press, 1998).

[40] Kirche des Nazareners, *Manual: 2017-2021*, „X. Völlige Heiligung" (Herausgeber: Kirche des Nazareners in Deutschland, 2020) S. 32–33.

[41] Mildred Bangs Wynkoop, *A Theology of Love: The Dynamic of Wesleyanism* (Kansas City, MO: Beacon Hill Press of Kansas City, 1972), S. 36.

[42] Wynkoop, *A Theology of Love*, S. 36.

[43] Für eine aufschlussreiche Zusammenfassung der vier griechischen Begriffe für Liebe – *eros, storge, philia* und *agape* – kann ich Wynkoops kurze Exegese unter der Überschrift „Love and Fellowship" (Liebe und Gemeinschaft) sehr empfehlen. Sie argumentiert, dass alle außer der *Agape* natürliche Arten der Liebe sind, die wenig Anstrengung erfordern. *Agape* ist nicht nur eine andere Dimension der Liebe, sondern auch eine Qualität, nach der man das Leben ordnet, die nur durch die Fülle Christi möglich wird. „Die Liebe, die wir christliche Liebe nennen, ist also weder ein Ersatz für die anderen Arten der Liebe noch ein Zusatz zu diesen, sondern sie ist eine Eigenschaft der ganzen Person, die in Christus zentriert ist. Die verzerrende Selbstorientierung, die alle anderen Beziehungen verunstaltet, weil sie sie zum persönlichen Vorteil nutzt (oft auf höchst subtile und hinterhältige Weise), wird durch die bleibende Gegenwart des Heiligen Geistes in die Ganzheit gebracht. In dieser Beziehung werden alle anderen Beziehungen des Lebens aufgewertet, verschönert und geheiligt." Wynkoop, *A Theology of Love*, S. 38.

Kapitel 5: Erhaltende Gnade

[1] „Hüte dich davor, jemals zu denken: ‚Oh, diese Sache in meinem Leben ist nicht so wichtig‘. Die Tatsache, dass es dir unbedeutend erscheint, kann bedeuten, dass es Gott viel bedeutet. Nichts sollte von einem Kind Gottes als unbedeutend betrachtet werden. Nichts in unserem Leben ist für Gott eine unbedeutende Kleinigkeit." Chambers, *My Utmost for His Highest*, S. 76–77. Deutscher Buchtitel: Mein Äußerstes für sein Höchstes.

[2] Chambers, *My Utmost for His Highest*, S. 74–75.

³Willard, *The Great Omission*, S. 62. Deutscher Buchtitel: Jünger wird man unterwegs.

⁴Leclerc, *Völlig verändert*, S. 404. Aus diesem Grund bezeichnete John Wesley die neue Geburt als anfängliche Heiligung. Ohne die andere Seite zu leugnen, neigt die reformierte Tradition dazu, den Schwerpunkt auf die zugerechnete Gerechtigkeit zu legen, während die wesleyanische Heiligungstheologie den Schwerpunkt auf die übermittelte Gerechtigkeit legt.

⁵Timothy Tennent, „Living in a Righteousness Orientation: Psalm 26" Seedbed Daily Text, September 1, 2019, `https://www.seedbed.com/living-in-a-righteousness-orientation-psalm-26/`. Tennent fügt hinzu: „Erst in der neuen Schöpfung wird dies vollendet, aber die Heiligung ist die Berufung eines jeden Gläubigen – als heilig abgesondert zu werden –, so dass wir mit vollem Herzen den Herrn ‚vor allen Menschen' loben können." (Psalm 26,12)

⁶Anmerkung des Herausgebers: Ein Behaviorist ist ein Anhänger des Behaviorismus, einer Richtung der Psychologie, die nur das beobachtbare Verhalten untersucht und Introspektion/Selbstbeobachtung oder Sinnverstehen als unwissenschaftlich ablehnt.

⁷„Wie Wesley sagen würde, diesen Optimismus zu leugnen würde die Kraft der Sünde größer machen als die Kraft der Gnade – eine Option, die für eine wesleyanische Heiligungstheologie undenkbar ist." Leclerc, *Völlig verändert*, S. 16.

⁸In einem Gespräch mit dem Wesley-Gelehrten Cliff Sanders über Gesetzlichkeit und Antinomismus machte Sanders eine interessante Aussage: „Vor fünfzig Jahren war die Gesetzlichkeit die größere Herausforderung für die evangelikalen Kirchen. Heute ist es eher der Antinomismus in Gestalt des Ringens vieler junger Erwachsener, die in der Kirche aufgewachsen sind und die das Heilige an der Liebe gerne weglassen würden."

⁹John Wesley, „Letter on Preaching Christ", *The Works of the Rev. John Wesley*, Volume 6.

¹⁰Siehe der Schwerpunkt in Kapitel 2 auf „in der Welt das sichtbar machen, was Gott in uns wirkt".

¹¹John Wesley, „Sermon 85: On Working Out Our Own Salvation," 3.2, `http://wesley.nnu.edu/john-wesley/the-sermons-`

of-john-wesley-1872-edition/sermon-85-onworking-out-our-own-salvation.

[12] Mildred Bangs Wynkoop erinnert uns daran, dass John Wesley den Schwerpunkt eher auf die freie Gnade als auf den freien Willen legte. Daher sprechen Vertreter der wesleyanischen Tradition eher von einem „befreiten Willen", womit der Wille gemeint ist, der vom Heiligen Geist bevollmächtigt und befreit wurde, wodurch es einem Menschen möglich wird, seinen Glauben an Jesus Christus aktiv zu bekennen. Von Anfang bis zum Ende ist die Rettung von Gott, allein aus Gnade. Wynkoop, *Foundations of Wesleyan-Arminian Theology*, S. 69.

[13] Wesley, „Sermon 85: On Working Out Our Own Salvation," III.2.

[14] Wright, *After You Believe: Why Christian Character Matters* (New York: HarperCollins, 2010), S. 18–20.

[15] Wright, *After You Believe*, S. 20.

[16] Wright, *After You Believe*, S. 21.

[17] Wright, *After You Believe*, S. 27.

[18] Wright, *After You Believe*, S. 27.

[19] Maddox, *Responsible Grace*, S. 69.

[20] Wright, *After You Believe*, S. 195.

[21] Randy Maddox, „Reconnecting the Means to the End: A Wesleyan Prescription for the Holiness Movement," *Wesleyan Theological Journal*, Bd. 33, Nr. 2 (Herbst 1998), S. 41.

[22] Wright, *After You Believe*, S. 195–196.

[23] Wright, *After You Believe*, S. 196.

[24] „Wesleys Sprachgebrauch, wonach heilige Handlungen aus „heiligen Temperamenten" ‚fließen', deutet darauf hin, dass er den Sinn schätzte, in dem zur Gewohnheit gewordene Gemütsbewegungen ‚Freiheit' für menschliche Handlungen hervorbringen – die Freiheit, die aus disziplinierter Übung entsteht (z. B. die Freiheit, ein Bach-Konzert zu spielen)." Maddox, *Responsible Grace*, S. 69.

[25] Die Fastenzeit im christlichen Kalender basiert auf dem vierzigtägigen Konzept der Selbstprüfung.

[26] Anmerkung des Übersetzers: Im Englischen hat das Wort „discipline"

sowohl die Bedeutung von „Disziplin" als auch von „Züchtigung" oder „Bestrafung". In der zitierten Stelle aus dem Hebräerbrief wird dort, wo im Deutschen Züchtigung oder Strafe verwendet wird, im Englischen „discipline" verwendet. Der genannte Sachverhalt ist in den nachfolgenden Stellen gekenn-
zeichnet.

[27] E. Stanley Jones, *Conversion* (Nashville: Abingdon Press, 1991), zitiert in
Richard J. Foster and James Bryan Smith, Hgg., *Devotional Classics: Selected
Readings for Individuals and Groups* (Englewood, CO: Renovaré, 1990), S.
281.

[28] Jones, *Conversion*, zitiert in Foster and Smith, *Devotional Classics*, S.
282.

[29] James K. A. Smith, *You Are What You Love: The Spiritual Power of Habit* (Grand Rapids: Brazos Press, 2016), S. 68–69.

[30] Rob L. Staples, *Outward Sign and Inward Grace: The Place of Sacra-
ments in Wesleyan Spirituality* (Kansas City, MO: Beacon Hill Press of Kansas
City, 1991), S. 21. Hervorhebung hinzugefügt.

[31] Wright, *After You Believe*, S. 223.

[32] Die Begründung für zwei Sakramente entstammt dem Wunsch, nur die
von Jesus Christus eingesetzten Sakramente zu praktizieren (auch als „Her-
rensakramente" bezeichnet).

[33] Wesley, *A Plain Account of Christian Perfection*, Kommentiert, S. 45.

[34] Maddox, *Responsible Grace*, S. 202.

[35] „Wenn Jesus ‚Gedenken' sagt, steht dort das griechische Wort *anamne-
sis*. Es geht dabei um weit mehr als eine historische Erinnerung. Das Wort
verweist auf eine vom Heiligen Geist inspirierte Erinnerung, die das Ereignis
aus der Vergangenheit so in die Gegenwart holt, dass es buchstäblich ‚wieder geschieht'". J. D. Walt, „Wonder Bread," *Seedbed Daily Text*, 24. April
2020, `https://www.seedbed.com/wilderness-wonder-
bread/`.

[36] Das Wort Bekehrungsritus ist die Übersetzung des englischen Ausdrucks
„converting ordinance", den John Wesley persönlich verwendet hat. Staples,
Outward Sign and Inward Grace, S. 252. Aufgrund des Zeugnisses seiner eigenen Mutter, die während der Teilnahme am Abendmahl die volle Gewissheit
ihres Glaubens erlangte, und vieler anderer Zeugnisse solcher Erfahrungen
war Wesley davon überzeugt, dass der Augenblick der Eucharistie „das ein-

malige Opfer Christi in einer dramatischen Darstellung wiedergibt und seine heilsame Kraft vermittelt". Maddox, *Responsible Grace*, S. 203.

[37]Siehe Staples, *Outward Sign and Inward Grace*, S. 201–249.

[38]Wright, *After You Believe*, S. 281.

[39]Wright, *After You Believe*, S. 281.

[40]Staples, *Outward Sign and Inward Grace*, S. 98; Maddox, *Responsible Grace*, S. 222.

[41]Zwischen der westlichen (lateinischen) und der östlichen (griechischen) christlichen Tradition gibt es erhebliche Unterschiede in Bezug auf die Bedeutung der Errettung. „Das westliche Christentum (sowohl das protestantische als auch das katholische) zeichnete sich durch eine vorherrschende juristische Betonung von Schuld und Absolution aus, während die östlich-orthodoxe Soteriologie typischerweise eher das therapeutische Anliegen der Heilung unserer von Sünde befallenen Natur betonte." Maddox, *Responsible Grace*, S. 23. Wesleys Auffassung von der Bedeutung der Taufe umfasste beides, betonte aber den heilenden und lebensspendenden Aspekt.

[42]Maddox, *Responsible Grace*, S. 23.

[43]Dieser Abschnitt über Klassenversammlungen stammt aus meinem Buch über den städtischen Gemeindedienst. Ausführlichere Informationen über christliche Zusammenkünfte und die Auswirkungen der Klassenversammlungen auf den Methodismus finden sich in David A. Busic, *The City: Urban Churches in the Wesleyan-Holiness Tradition* (Kansas City, MO: Foundry Publishing, 2020).

[44]Harry S. Stout, *The Divine Dramatist: George Whitefield and the Rise of Modern Evangelicalism* (Grand Rapids: Eerdmans, 1991), xiii-xvi.

[45]J. W. Etheridge, *The Life of the Rev. Adam Clarke* (New York: Carlton and Porter, 1859), S. 189.

[46]Etheridge, *The Life of the Rev. Adam Clarke*, S. 189.

[47]John Wesley, „The Nature, Design, and General Rules of the United Societies," *Works*, 9.69.

[48]Wright, *After You Believe*, S. 196.

[49]Wright, *After You Believe*, S. 196–197.

[50]Woods trat im Alter von zwei Jahren in einer bekannten Fernsehsendung auf und zeigte dort sein Können als Golfer.

[51]Jones, *Conversion*, zitiert in Foster und Smith, *Devotional Classics*, S. 281.

[52] *The Book of Common Prayer* (Cambridge: Cambridge University Press, n.d.), S. 97–98.

Kapitel 6: Ausreichende Gnade

[1]Thomas A. Langford, *Reflections on Grace* (Eugene, OR: Cascade Books, 2007), S. 107.

[2]Douglas Ward, „The ‚Third Heaven,'" *The Voice: Biblical and Theological Resources for Growing Christians*, 2018, `https://www.crivoice.org/thirdheaven.html`. Viele Gelehrte behaupten, dass die Vision, die Paulus im 2. Korintherbrief beschreibt, auf seine Begegnung mit dem auferstandenen Christus auf der Straße nach Damaskus verweist.

[3]Einige haben spekuliert, dass Paulus' Stachel im Fleisch körperlicher Natur war: eine Hautkrankheit, ein akutes Augenleiden oder Epilepsie. Andere meinen, der Dorn sei die Erinnerung an seine Vergangenheit als Verfolger der Kirche und an die Schwierigkeiten, die sich daraus in der Beziehung zu den Judenchristen ergeben könnten.

[4]Peterson, The Message, 2. Korinther 11,23–27.

[5]Richard John Neuhaus, *Freedom for Ministry* (Grand Rapids: Eerdmans, 1979), S. 90.

[6]Neuhaus, *Freedom for Ministry*, S. 88.

[7]Langford, *Reflections on Grace*, S. 107.

[8]Ich hörte diese Illustration in einer Predigt von Rev. Dr. Thomas Tewell in den 1990er Jahren mit dem Titel „Die Hartnäckigkeit einer Bulldogge".

[9]Frederick Buechner, *Wishful Thinking: A Seeker's ABC* (New York: HarperOne, 1973), S. 10. Deutscher Buchtitel: Wunschdenken: Ein religiöses ABC.

Kapitel 7: Nachwort: Jesus Christus ist Herr

[1]Alan J. Roxburgh, *The Missional Leader: Equipping Your Church to Reach a Changing World* (San Francisco: Josey Bass, 2006), S. 7.

[2]Neuhaus, *Freedom for Ministry*, S. 98.

[3]Willard, *The Great Omission*, S. 3. Willard weist erneut darauf hin, dass das Wort „Nachfolger/Jünger" 269-mal im Neuen Testament vorkommt,

während das Wort „Christ" dreimal vorkommt und verwendet wird, um spezifisch auf die Nachfolger Jesu in Antiochia Bezug zu nehmen (siehe Apostelgeschichte 11,26).

[4] Dallas Willard, *The Great Omission*, S. 8.

BIBELSTELLENREGISTER